Inclusão
na prática

CIP-BRASIL. CATALOGAÇÃO NA PUBLICAÇÃO
SINDICATO NACIONAL DOS EDITORES DE LIVROS, RJ

R146i

Ramos, Rossana
 Inclusão na prática : estratégias eficazes para a educação inclusiva / Rossana Ramos. - [4 ed., rev.]. - São Paulo : Summus, 2023.
 128 p. ; 21 cm.

 ISBN 978-65-5549-090-9

 1. Educação inclusiva. 2. Inclusão escolar. 3. Pessoas com deficiência - Educação. I. Título.

23-82111   CDD: 371.9
                                                                           CDU: 376

Meri Gleice Rodrigues de Souza - Bibliotecária - CRB-7/6439

www.summus.com.br

Compre em lugar de fotocopiar.
Cada real que você dá por um livro recompensa seus autores
e os convida a produzir mais sobre o tema;
incentiva seus editores a encomendar, traduzir e publicar
outras obras sobre o assunto;
e paga aos livreiros por estocar e levar até você livros
para a sua informação e o seu entretenimento.
Cada real que você dá pela fotocópia não autorizada de um livro
financia o crime
e ajuda a matar a produção intelectual de seu país.

Inclusão na prática

Estratégias eficazes para
a educação inclusiva

Rossana Ramos

summus
editorial

INCLUSÃO NA PRÁTICA
Estratégias eficazes para a educação inclusiva
Copyright © 2010, 2022 by Rossana Ramos Henz
Direitos desta edição reservados para Summus Editorial

Editora executiva: **Soraia Bini Cury**
Revisão: **Raquel Gomes**
Capa: **Marcia Signorini**
Projeto gráfico e diagramação: **Crayon Editorial**

Summus Editorial

Departamento editorial
Rua Itapicuru, 613 – 7º andar
05006-000 – São Paulo – SP
Fone: (11) 3872-3322
http://www.summus.com.br
e-mail: summus@summus.com.br

Atendimento ao consumidor
Summus Editorial
Fone: (11) 3865-9890

Vendas por atacado
Fone: (11) 3873-8638
e-mail: vendas@summus.com.br

Impresso no Brasil

Dedico este livro a José Xavier Cortez,
que, mais que qualquer um que conheço,
sabe o valor do outro, sabe o valor da vida.

SUMÁRIO

1. Considerações iniciais 9
2. Minha trajetória 11
3. Fundamentos históricos e filosóficos 17
4. A Escola Viva e as bases da inclusão 27
5. Mitos, enganos e equívocos na inclusão 55
6. Inclusão na prática 65
7. A avaliação 99
8. Considerações finais 113

Bibliografia 115

Conto – Naquele dia 117

1 ¦ CONSIDERAÇÕES INICIAIS

EM ALGUMAS PALAVRAS INTRODUTÓRIAS, eu diria que este livro é uma espécie de relato que emerge da minha ampla experiência na área de Educação Inclusiva na Escola Viva (em Cotia, no estado de São Paulo), bem como de algumas questões teóricas dispostas no âmbito científico a respeito do tema. Assim, acredito que esse livro possa ser definido como uma obra de "mútua ajuda" – de fácil entendimento mas, ao mesmo tempo, fundamentada teoricamente. Seu objetivo principal é falar diretamente sobre as questões reais do processo de inclusão, fazendo que, ao lê-lo, o professor se identifique e identifique os problemas que precisa solucionar hodiernamente, na escola e na vida.

Sabemos que a escola no Brasil já está convencida, mesmo que por força da lei, de que deve receber crianças com deficiência. Contudo, ainda se praticam ações que não condizem com a verdadeira inclusão. A luta ainda está longe de ser vencida. Isso porque a escola matriculou esses alunos, mas ainda tem dificuldade de lidar com as diferenças.

Este é, portanto, mais um instrumento que visa, por meio do relato de experiências, ao avanço do trabalho escolar inclusivo. Por razões metodológicas, optei por não apresentar dados estatísticos, leis etc., tendo em vista o modelo quase romanesco da obra. E, para aproximar ainda mais os leitores das experiências vividas, apresento a seguir minha trajetória na educação – meus passos para a inclusão.

2 | MINHA TRAJETÓRIA

MINHA TRAJETÓRIA NA EDUCAÇÃO se iniciou em 1983, quando comecei a dar aulas na rede municipal do Rio de Janeiro, especificamente em uma escola em que havia um grupo de crianças excluídas socialmente. Moradoras de uma favela, além da carência material, essas crianças eram também privadas de afeto e cuidados, já que a maioria era de famílias mantidas somente pela mãe – que normalmente saía de casa cedo para trabalhar, retornando à noite, ou às vezes dormia no emprego, por exigência dos patrões.

Embora na época não se usasse o termo, podia-se considerar que aqueles eram verdadeiros excluídos. Alguns casos me marcaram profundamente, como o de uma menina de 6 anos que morreu queimada ao tentar acender o fogareiro para aquecer o leite dos irmãos menores de 4 e 2 anos – de quem cuidava até que a mãe chegasse do trabalho.

Já naquela época, percebi que, utilizando os métodos e parâmetros da escola tradicional, não conseguiria desenvolver nenhum tipo de trabalho com aquele grupo. Por isso, passei a buscar algo que pudesse me auxiliar naquela empreitada. Afortunadamente, fui convidada por uma colega para participar de um grupo de estudos da obra de Piaget. Começamos pela teoria sobre o desenvolvimento humano descrita pelo autor. Embora não tenha sido fácil, aos poucos fui compreendendo a tese defendida pelas ciências cognitivas, sobretudo pela teoria construtivista. Daí a me tornar defensora do construtivismo foi um pulo.

Compreendi que era preciso, *a priori*, criar meios de socialização para, então, promover o desenvolvimento cognitivo daquelas crianças. Passei, assim, a propor jogos – de construção, simbólicos e de regras – por meio dos quais as crianças pudessem construir relações de interdependência social e afetiva. Aos poucos, consegui "incluí-los" tanto na classe quanto na escola. Nossa turma passou a ser aquela que mais se desenvolvia no que se referia à aprendizagem. Naquele ano, todas as crianças da sala, que tinham entre 6 e 7 anos, aprenderam a ler e escrever. E o mais importante: deixaram de ser os "marginaizinhos" da escola.

Nessa perspectiva, passei também a me dedicar à área de alfabetização com base na psicogênese da leitura e da escrita, desenvolvida por Emilia Ferreiro e Ana Teberosky.

Em virtude da observação e da constatação de que as escolas, em geral, não têm projetos flexíveis que "incluam" todas as crianças, em 1994, fundei a Escola Viva, em Caucaia do

Alto, Cotia. Com base na teoria construtivista, iniciamos um trabalho que, a princípio, assustava as pessoas. As crianças sentavam-se em grupos ou ficavam em pé, circulando pela sala, se envolviam diariamente em jogos e outras atividades lúdicas. Não usávamos cartilhas ou livros didáticos, mas livros "de verdade". Para aprender a ler, utilizamos contos clássicos e histórias infantis. A escrita era valorizada com base nas hipóteses das próprias crianças. Os alunos maiores, já naquela época, eram mobilizados em torno de projetos interdisciplinares que envolviam diversos campos do conhecimento – de culinária a álgebra e gramática. Para reflexão, sempre tivemos aulas de filosofia; para conhecer o mundo, incentivamos efetivamente a leitura.

Em 1995, fui levada por uma amiga à sede da Associação dos Pais e Amigos dos Excepcionais (Apae), na Vila Mariana, para assistir a uma palestra ministrada pelo então diretor daquela instituição. Pelo caminho, fui pensando o que eu poderia aprender naquele lugar. Isso porque, apesar de toda minha visão diferenciada da educação, eu também achava que a pessoa com deficiência precisava de "cuidados e meios especiais", principalmente de uma escola especial.

A primeira fala do palestrante já me causou grande impacto: "Eu gostaria de acabar com todas as Apaes". Ao longo da palestra, compreendi que ele estava falando de *inclusão*. Saí da reunião meio tonta. Recordo-me de naquela noite ter perdido algumas horas de sono pensando naquela ideia que, em seguida, me pareceu tão óbvia: de que a pessoa com deficiência deve ser incluída sem restrições no meio social, desde o nascimento, para que possa ser estimulada naturalmente.

Por acaso, uma semana depois fui procurada pela mãe de uma menina de 7 anos com síndrome de Down. Pensei que aquela seria uma boa oportunidade para iniciar a inclusão em nossa escola. Antes que a criança fosse matriculada, reuni todos os professores e dissertei sobre a tese da inclusão. Para eles aquilo não era novidade, pois estavam ligados a um processo educativo que respeitava as diferenças entre os alunos. Mesmo assim vieram as perguntas: na prática, como lidar com essas crianças tão diferentes? E os pais dos "não deficientes"? Como iam encarar a situação?

O primeiro passo foi justamente reunir a comunidade e fazer uma reflexão sobre o assunto. Para nossa surpresa, todos os pais concordaram que aquela seria uma boa oportunidade para o exercício e o aprendizado de novos conhecimentos: ser tolerante, respeitar as diferenças e desmistificar a deficiência como entrave ao desenvolvimento.

Em seguida, todos nos debruçamos sobre estudos centrados no sociointeracionismo, em cujo escopo teórico encontram-se as respostas para a importância da vida em grupo. Nessa perspectiva, que incluía todos os alunos, funcionários, professores e pais da escola, passamos a viver, na prática, a inclusão.

Tivemos, sobretudo, de desfazer alguns mitos, entre eles: o de que o profissional que lida com o aluno com deficiência precisa ter formação especial; o de que esse tipo de aluno na classe comum atrapalha o desenvolvimento dos colegas; o de que ele precisa de atenção especial. Em relação a este último mito, assinalamos que todos nós, em determinados momentos, precisamos de atenção especial.

Certamente, durante esses quinze anos, enfrentamos as situações mais diversas possíveis. Tivemos de lutar contra alguns preceitos e preconceitos, vindos, às vezes, dos próprios pais das crianças com deficiência. Da superproteção ao abandono, lidamos com situações que evidenciavam a incompreensão e a falta de conhecimento sobre o assunto – até mesmo de profissionais da área escolar que pensavam que a educação dessas crianças deveria ser diferenciada, especial.

Contudo, nosso trabalho foi, a cada dia, se tornando mais fácil e prazeroso. Apesar de muito tempo ter se passado desde o início das atividades da Escola Viva, ainda me emociono ao assistir a uma criança com síndrome de Down, acometida por afasia[1], recitar – do jeito dela, por meio de gestos e sussurros – uma poesia sobre a infância. Mais emocionante ainda é perceber o interesse de todas as crianças por assistir e aplaudir o colega.

Como eu disse antes, nesses quinze anos, tivemos e ainda temos o privilégio de compartilhar a educação e o desenvolvimento de crianças e jovens com as mais diversas deficiências. Isso sem falar daqueles que, mesmo sem deficiência, chegam à escola cheios de rótulos – hiperativos, disléxicos,

---

1. Enfraquecimento ou perda do poder de captação, de manipulação e por vezes de expressão de palavras como símbolos de pensamentos, em virtude de lesões em alguns centros cerebrais e não devido a defeito no mecanismo auditivo ou fonador.

preguiçosos, com déficit de atenção etc. –, colocados tanto por profissionais da educação como pela própria família.

Por se tratar de uma nova perspectiva, a inclusão ainda causa certo medo. É preciso, portanto, que seja difundida como algo benéfico a todos que nela se inserem. O sentimento de misericórdia em relação à pessoa com deficiência, por exemplo, precisa ser questionado. Em quase todos os seminários e encontros de que participo, os professores querem entender meu interesse pela inclusão. Querem saber se tenho alguém próximo com deficiência. Entendo que a questão ainda é vista como cármica – ou seja, só se interessam pelas causas difíceis pessoas que são assoladas por elas.

No entanto, a inclusão da pessoa com deficiência é um processo ligado ao desenvolvimento das teorias científicas em prol da humanidade.

Nos anos 2000, após a conclusão do doutorado na Pontifícia Universidade Católica de São Paulo, na área de Linguística e Língua Portuguesa, iniciei minha carreira de escritora de livros infantis e teóricos nas áreas de linguagem e educação, aos quais me dedico até hoje.

Também sou professora adjunta da Universidade de Pernambuco – Unidade Petrolina – nos cursos de Letras e Pedagogia. Leciono as disciplinas de Literatura Infantil, Linguística e Educação Especial (Inclusiva).

3 | FUNDAMENTOS HISTÓRICOS E FILOSÓFICOS

UM BREVE PANORAMA HISTÓRICO, a partir da Idade Média, evidencia a deficiência como uma manifestação do mal, um castigo, uma provação. Desde essa época (ou desde sempre), da deficiência decorrem sentimentos de segregação, medo e vergonha.

Com o intuito de quebrar a rigidez do modelo narrativo histórico tradicional, recorro aqui aos contos clássicos infantis para descrever a trajetória das pessoas com deficiência, já que a literatura é, certamente, a história da humanidade contada simbolicamente e, segundo Bettelheim (2007), é também um meio pelo qual as crianças – que mais tarde viram adultos – constroem valores e significados para a vida. Contadas e recontadas infinitamente, as histórias infantis clássicas traduzem o clima de opinião vigente na época em que foram criadas, mas, por sua construção arquetípica, permanecem até hoje, evidenciando os valores e as atitudes humanas.

Quem não se lembra de Branca de Neve e os Sete Anões? Por que os anões viviam juntos, na floresta, distantes do burgo? Por que faziam um trabalho braçal nas minas de carvão? Por que não aceitavam bem a chegada de estranhos? Por que não foram ao casamento da Branca de Neve? E o Patinho Feio? Por que só foi feliz quando encontrou os iguais? E o Corcunda de Notre Dame? Por que foi abandonado pela família e acolhido pela misericórdia do pároco da cidade?

Até hoje, apesar de todo o desenvolvimento humano e social, ainda ocorrem situações retratadas nos contos, como é o caso de pais que abandonam os filhos ao saberem que estes têm algum tipo de deficiência. Ou os segregam, privando-os do convívio social. Esse tipo de atitude além de desumana é criminosa, porque usurpa a vida de alguém que poderia desenvolver-se e ser feliz ao seu modo. Contudo, esse comportamento é, muitas vezes, resultado do quadro que começa na própria família e se estende por toda a sociedade. A rejeição, o medo, a misericórdia, a comiseração – entre outros sentimentos e ações negativas – são recorrentes nos grupos sociais quando se trata da pessoa com deficiência. Por isso, quando têm um filho com deficiência, os pais sabem que terão de enfrentar muitas batalhas que infelizmente ainda precisam ser travadas.

Embora no século XX o olhar sobre a deficiência tenha avançado positivamente, as novas visões caminharam para uma concepção patológica, isto é, marcada sobretudo pela ideia de doença. A pessoa com deficiência passou a ser "tratada" por uma perspectiva terapêutica. Surgiram institutos e escolas especiais com métodos também especiais – que, embora se constituíssem em avanço na história da deficiência, ainda mantiveram (ou mantêm) os indivíduos segregados.

Uma breve descrição linguística da deficiência evidencia um discurso impregnado pela ideia de doença. "Doente", "doentinho", "retardado", "excepcional", "com problemas", "demente", "mongoloide", "doido", "mudo", "mudinho"[2] – entre outras denominações algumas vezes eufêmicas como "especial", "portador de deficiência" – determinam como é vista a pessoa com deficiência. A própria palavra "deficiência" é, do ponto de vista semântico, carregada de uma negatividade natural. Nesse sentido, ainda não se encontrou a palavra justa para dizer que alguém tem deficiência.

Uma questão que, ligada a essa perspectiva da doença, é o que Amaral (2001) chama de "generalização indevida": quando uma pessoa com deficiência física é tida também como deficiente mental e suas eficiências são ignoradas. Ou quando a deficiência mental leva a que se façam muitas terapias, às vezes desnecessárias.

Um caso que ilustra bem essa questão é o de uma pessoa com deficiência auditiva que foi segregada do convívio social e tratada como deficiente mental por não conseguir desenvolver-se na escola. Com a morte da mãe, foi internado pelo pai em uma escola para deficientes auditivos no Rio de Janeiro, de onde fugiu, retornando à sua cidade. Muito jovem

---

2. Atualmente, sabe-se que há poucas pessoas de fato mudas, ou seja, aquelas que por um motivo físico, psicológico ou mental são privadas da fala. Contudo, a expressão é amplamente utilizada para pessoas surdas.

começou a trabalhar e mais tarde casou-se, teve filhos e constituiu sua vida como outra pessoa qualquer.

Outro caso é o de uma menina com síndrome de Down que, embora matriculada em uma escola regular, recusava-se a frequentá-la. Em uma conversa com a professora, percebi que, devido às inúmeras atividades terapêuticas a que era submetida, a criança sentia-se cansada no período da escola.

Esse, às vezes, é o comportamento de alguns pais que, por excesso de zelo, exageram no processo de estimulação da criança com deficiência, levando-a a sentir-se ainda mais excluída por, diferentemente das outras crianças, frequentar tantos consultórios médicos.

Vivendo em uma sociedade de resultados, podemos dizer que a deficiência é exatamente o que não se quer, porque não combina com as leis biológicas, sociais, políticas, econômicas e religiosas estabelecidas pela humanidade, o que se revela nos discursos que se fazem sobre a vida e sua função.

Como *imagem e semelhança de Deus*, as pessoas não têm direito de ter deficiências, de ser pobres, feias etc. Até o grande Vinicius de Moraes disse que *beleza é fundamental*. "Fundamental" quer dizer base, princípio, condição primeira...

Retomando o processo histórico da inclusão escolar, nos anos 1980 desenvolveu-se a prática da *integração*. Nessa perspectiva, os alunos com deficiência passavam um período na escola convencional, mas ainda frequentavam a escola especial com o propósito de desenvolver as possíveis "defasagens". Paralelamente a esse processo, algumas escolas regulares passaram a receber alunos considerados "especiais" em salas também especiais, o que representava, a meu ver, uma forma bastante cruel de exclusão, tendo em vista que essas crianças eram rotuladas como diferentes por toda a comunidade escolar. Costumo dizer que é como se fossem pássaros presos em gaiolas em plena floresta.

Também era excluído o professor dessas classes. Trabalhando na rede pública, nessa época, cheguei a ouvir desses professores certa frustração por não fazerem parte do processo pedagógico da escola. Mais trágico ainda era o critério de classificação das crianças especiais. Não só crianças com deficiência estavam naquela sala; ali se encontravam também os excluídos por vários motivos: comportamento fora dos padrões disciplinares, idades em defasagem escolar, alunos "com dificuldade de aprendizagem" – na verdade, crianças com traumas pedagógicos em virtude de métodos antiquados e repetitivos.

Cheguei a ter notícia de que em algumas escolas essas crianças e adolescentes tinham hora do lanche e do recreio diferenciada dos outros alunos. Também era comum que professores ameaçassem crianças de classe regular de "rebaixamento" para a classe especial caso não se comportassem ou não aprendessem determinada matéria.

Não raro também era que uma criança com deficiência fosse matriculada na escola ainda no maternal e, ao chegar ao primeiro ano ou classe de alfabetização, tivesse de abandonar a escola. As desculpas eram sempre as mesmas: "Daqui em diante, ela precisa de cuidados especiais e nós (a escola) não estamos preparados para isso". Por trás desse discurso havia outras questões além do despreparo. Por incrível que pareça, a grande resistência era dos pais. Ao saber que havia uma criança com deficiência na sala, muitos pais – velada ou declaradamente – não aprovavam sua presença. As escolas – sobretudo as particulares – cediam às pressões, em face da preocupação de perder alunos.

Nos anos 1990, conforme Stainback e Stainback (1999), surgiu um novo conceito, a inclusão, que teve como base a teoria sociointerativista, a qual entende o desenvolvimento humano como resultado das interações sociais. Isso quer dizer que, em contato com o meio normal, de modo irrestrito, o indivíduo com deficiência desenvolve mais amplamente suas capacidades, ainda que com determinadas limitações. A Lei de Diretrizes e Bases de 1996 apontou para o processo de inclusão das pessoas com deficiênica em escolas regulares, e, já naquela época, contribuições teóricas passaram a circular nos meios educacionais, entre as quais destaco as da professora doutora Maria Teresa Eglér Mantoan, da Universidade de Campinas.

Como tudo que é novo, o processo de inclusão escolar causou uma espécie de revolução. De um lado, a teoria orientava para a prática inclusiva; de outro, ocorreram alguns equívocos. A escola regular mostrou-se fragilizada e incompetente para lidar com essa mudança. Foi exatamente nesse vazio que se instalaram práticas incorretas – como a invasão da escola pelos especialistas de diversas áreas, com o propósito de capacitar os professores para a "educação especial". Isso porque a reação geral evidenciava as seguintes questões:

- O professor não está capacitado para lidar com os alunos com deficiência.
- As escolas não têm recursos.
- As salas são superlotadas e não há como dar a devida atenção a esse público.

Vale relatar aqui a frase de uma professora da rede pública que, em uma reunião de capacitação para a inclusão, disse desesperada: "Já não bastando as dificuldades que nós, professores, encontramos, ainda nos jogam esta BOMBA na cabeça!" A professora referia-se, é claro, à inclusão de alunos com deficiência como mais um problema sem solução. O uso pejorativo do termo "bomba" embute o medo, o desconhecimento e a revolta – todos reflexo das concepções equivocadas sobre a educação inclusiva.

Quanto aos problemas apontados anteriormente, vejamos:

O primeiro, a incapacidade do professor, refletia a ideia da educação especial, ou seja, de que o professor **tem** de ser especialista para lidar com o aluno com deficiência, inclusive com uma remuneração maior, conforme ocorre em alguns estados ou municípios.

Sobre o segundo, a falta de recursos, quando se perguntava aos professores que recursos especiais seriam necessários à educação inclusiva, a maioria deles não sabia responder.

Quanto ao terceiro, salas superlotadas, a ideia estabelecida era a de que o aluno com deficiência precisava todo o tempo de atenção especial.

Atualmente, apesar de todo conhecimento disponível – principalmente para nós, especialistas, que convivemos diuturnamente na escola com professores, alunos, alunos-professores e outros profissionais da área de educação –, ainda é evidente a deficiência do processo educacional brasileiro em geral. Embora, de um panorama histórico, possa se considerar que avanços quantitativos ocorreram – isto é, há mais pessoas sendo atingidas pela escolarização –, não há qualidade nas escolas, a não ser em um ou outro caso localizado, como em algumas escolas de aplicação. Essas instituições assim se caracterizam por estar vinculadas a faculdades de formação de professores, servindo como modelo de ensino para estudantes da área de Educação. A propósito, algumas dessas escolas são excludentes, pois fazem exames de seleção, o que é a princípio proibido por lei, já que são públicas.

Programas, projetos e ações pipocam por todo lado. Os investimentos por parte do governo, pelo menos nos últimos tempos, têm sido enormes; contudo, vêm sendo aplicados de forma incorreta. Professores continuam com salários miseráveis, enquanto estados e prefeituras gastam fortunas com a compra de pacotes educacionais e livros didáticos retrógrados e descontextualizados. Ou com a organização de eventos com os "mestres da autoajuda" que encantam com sua retórica ensaiada, mas em nada contribuem para a mudança esperada.

Contam-se nos dedos as escolas deste país que têm o essencial, como uma biblioteca. Isso é contraditório, já que projetos de leitura se espalham como fumaça por todo o território. Apesar dos recursos, em algumas regiões do país ainda há crianças com fome na escola porque a merenda escolar é insuficiente. Nesse contexto trágico, surge uma nova perspectiva: a da inclusão de crianças, adolescentes e jovens com deficiência na escola regular.

O que fazer? Como fazer se existem tantos problemas de base a ser solucionados? Essas foram as perguntas iniciais feitas por todos. Isso porque a concepção de deficiência ainda é a do início do século XX, ou seja, a de que a pessoa com deficiência necessita de cuidados especiais. Isso é verdade até certo ponto, quando nos referimos à sua saúde e a determinadas adaptações no ambiente ou ao uso de recursos como cadeira de rodas, programas de computador etc. Entretanto, o que muda perante as novas concepções é que o desenvolvimento físico, mental e social da criança com deficiência depende de sua inclusão na escola e na sociedade.

A metodologia adotada na elaboração deste livro é a de observação e análise das experiências na Escola Viva. Incluem-se também relatos de pessoas com quem convivi e ainda convivo, como é o caso dos meus alunos da Universidade de Pernambuco – Unidade Petrolina. Os nomes, as épocas e outras informações que possam identificar os personagens dos relatos serão trocados para que não haja exposição ou comprometimento dessas pessoas.

4 | A ESCOLA VIVA E AS BASES DA INCLUSÃO

A ESCOLA VIVA INICIOU suas atividades em 1995, já com vistas à inclusão de crianças com deficiência. A princípio, enfrentamos todo tipo de dificuldade, não só pela resistência de um ou outro professor, mas, sobretudo, da comunidade. Nessa época, a concepção geral era a de que crianças com deficiência deveriam frequentar escolas especiais.

Passamos a encarar o problema, partindo para um intenso programa de conscientização. Periodicamente, fazíamos reuniões com pais e professores para disseminar o novo conceito. Esta certamente não foi uma tarefa fácil, tendo em vista os mitos que se construíram ao longo do tempo. As ideias que combatíamos eram as seguintes (Ramos, 2006, p. 15-6):

- "As pessoas com deficiência necessitam de cuidados especiais" – Na maioria dos casos, isso não traduz a realidade.

Muitas pessoas com deficiência até preferem ser tratadas sem nenhuma distinção.

- "Os profissionais que lidam com as pessoas com deficiência, principalmente os professores, precisam ser especialistas" – As mães das pessoas com deficiência não são especialistas e, quase sempre, cuidam deles muito bem. Contudo, é necessário que o professor esteja atento ao que pode fazer para contribuir no desenvolvimento das pessoas com deficiência.
- "As pessoas com deficiência têm de frequentar escolas especiais" – Por terem alguma deficiência visível é que elas precisam de escolas comuns, para que possam conviver com pessoas potencialmente mais capazes e dessa forma construir um referencial mais próximo da normalidade.
- "As pessoas com deficiência atrapalham a aprendizagem das outras crianças" – Ao contrário, ajudam-nas a ser mais tolerantes, cooperativas e conscientes das diferenças, bem como "obrigam" o professor a elaborar um plano mais rico em recursos didáticos.

Nesse primeiro momento de acirrada luta pela inclusão, tivemos como antagonistas principais alguns especialistas vinculados à terapêutica, bem como professores de escolas especiais. Inculcados pela ideia de "criar um mundo especial" para o aluno com deficiência, esses profissionais representavam uma barreira para o nosso trabalho. Chegamos a perder vários alunos cujos pais eram convencidos por pediatras, psicólogos, fonoaudiólogos, entre outros, a acreditar que na escola regular seus filhos não poderiam se desenvolver.

Chegamos a ouvir de uma diretora de uma escola de surdos que a criança (antes aluno dessa escola especial) não tinha *nada a aprender com crianças ouvintes*. Em outra situação, uma criança com deficiência múltipla – visual e mental severa – que frequentava instituição especial para cegos e foi matriculada em nossa escola concomitantemente passou a rejeitar as atividades da escola especial (isso era evidente por meio do choro). A escola especial, então, chamou-nos a todos, escola e família, para uma conversa, em que estavam presentes a psicóloga e a pedagoga da instituição. Os pais foram de forma incisiva "colocados na parede" em relação à possível estagnação do desenvolvimento da criança depois que esta passou a frequentar a escola regular. Não fosse pela intervenção da pedagoga da instituição, que evidenciou a necessidade de interação, teríamos perdido a batalha. O relato mais completo do caso dessa aluna será feito adiante.

Por outro lado, nossos parceiros imediatos foram os professores de Educação Física e Artes. Não só na Escola Viva, mas em muitas outras escolas, os professores dessas áreas incluíam e trabalhavam com os alunos com deficiência sem nenhuma resistência. Vale descrever aqui o seguinte caso:

Paulo tinha 6 anos quando chegou a nossa escola. Sua deficiência física era a falta do antebraço. Era uma criança tímida e já um pouco ressentida com a experiência em uma escola na qual as outras crianças frequentemente lhe distinguiam por sua deficiência. Logo na primeira aula de Educação Física na Escola Viva (doravante EV), o professor formou os alunos para a escolha das posições no time de futebol. Quando chegou a vez de Paulo, ele disse que gostaria de ser goleiro. O professor não hesitou em colocá-lo nessa posição. O resultado foi que, mesmo lhe faltando a mão e o antebraço, Paulo foi durante oito anos o goleiro do time da escola, função que sempre desempenhou muito bem.

Os professores de Artes, da mesma forma, sempre trabalharam com as crianças com deficiência sem qualquer objeção. Em depoimento, uma professora justificou essa facilidade dizendo que a Arte não tem modelos fixos ou exigências preconcebidas. Vale registrar também a contribuição dos professores de Música e Dança, que produzem uma espécie de encantamento geral em todas as pessoas, tenham ou não deficiência.

Segundo constatei em pesquisa qualitativa informal, realizada em 2001 com professores da EV e de mais dez escolas da rede municipal de Araçariguama (SP), as disciplinas de Música, Artes, Educação Física e Dança não têm o peso da obrigatoriedade da nota – fato que reflete um dos problemas que discutirei mais tarde, na parte dedicada à avaliação escolar.

Com o tempo, nossa escola passou a ser um abrigo não só para crianças com deficiência, mas também para aquelas com comportamento "diferente". Espalhou-se na região que a EV "aceitava" crianças "com problemas". Isso, na verdade, queria dizer que nossas práticas eram diferenciadas e estávamos preparados para lidar com uma educação, de fato, para todos. Por outro lado, pais com mentalidades tradicionais em relação à educação de seus filhos passavam longe de nossa porta.

Era comum recebermos crianças ainda pequenas dispensadas (expulsas) de outras escolas, acompanhadas de relatórios como o que se segue:

RELATÓRIO DE COMPORTAMENTO

O menor _____ iniciou seus estudos em nosso estabelecimento escolar e era nosso aluno do 1º ano do Ensino Fundamental durante o 1º semestre deste ano corrente.

Encaminhamos o aluno para uma avaliação psicológica, pois ele apresentava algumas dificuldades de relacionamento pessoal no ambiente escolar. O _____ é esperto e muito carinhoso, porém não permanecia sentado durante as explicações (tempo de atenção encurtado) e estava se comportando agressivamente com os colegas (verbalmente).

É inteligente, mas não utiliza todo seu potencial (não por preguiça), distrai-se com facilidade e, às vezes, deixa o mais importante para depois (que seria a lição).

Ele parecia ser uma pessoa ansiosa, pois tinha dias que comia o lanche durante a aula, em outros mordia o lápis, a borracha ou outro objeto que estivesse ao seu alcance. Além disso, foi impossível avaliá-lo como fazemos normalmente (provas mensais e bimestrais), pois seu comportamento não correspondia com o sistema por nós adotado.

> Diante da ausência de um retorno terapêutico, solicitamos sua transferência para outro colégio que pudesse atendê-lo e auxiliá-lo dentro da grade curricular com um acompanhamento psicológico, devido às dificuldades acima citadas.
>
> Colocamo-nos à disposição para esclarecer qualquer dúvida.

Os espaços vazios do texto correspondem à identificação da criança. O relato de sua estada em nossa escola será feito no Capítulo 6.

Do ponto de vista pedagógico, logo a princípio, estabelecemos nosso projeto e nossas ações sobre as seguintes bases (Ramos, 2006, p. 13-5):

- Ter como filosofia da educação a base teórica construtivista que considera as diferenças na aprendizagem dos indivíduos.
- Conscientizar a comunidade de que o aluno com deficiência não vai atrapalhar a aprendizagem dos outros, e sim ajudá-los a vivenciar uma nova experiência como ser humano solidário.
- Ter uma equipe de professores e funcionários preparada para lidar com situações inusitadas, como um aluno que necessite de ajuda para usar o banheiro ou que prefira estar a maior parte do tempo fora da sala de aula.
- Matricular os alunos que apresentam deficiência nas classes correspondentes a sua idade cronológica, para

que construam, ainda que com defasagem mental, uma idade social[3].
- Não priorizar a aprendizagem dos conteúdos educacionais em detrimento da aprendizagem de vida.
- Elaborar o plano didático não mais mediante parâmetros preestabelecidos, mas levando em conta a realidade dos alunos.
- Avaliar a aprendizagem considerando o potencial do aluno, e não as exigências do sistema escolar.
- Em casos muito extremos, como alta agressividade ou passividade absoluta, aconselhar os pais a buscar ajuda médica.
- Não ter medo de, muitas vezes, aliar a intuição aos conhecimentos de natureza psicopedagógicas.

A FILOSOFIA CONSTRUTIVISTA E AS DIFERENÇAS NA APRENDIZAGEM DOS INDIVÍDUOS

A adoção da teoria socioconstrutivista como base do projeto e das ações pedagógicas proporcionou à equipe escolar a compreensão dos distintos tempos e formas de aprendizagem. Diferentemente da escola tradicional com base behaviorista, entendemos que a relação entre o sujeito e o objeto não é direta e que depende de uma série de elementos, entre eles a interação com outros sujeitos. Esse entendimento levou-nos a adotar práticas efetivas, como organizar o espaço da sala de aula para que os alunos se sentassem em grupos,

---

3. A idade social corresponde à idade cronológica, e não à mental.

alternando os critérios de formação desses grupos conforme os propósitos de atividades e ações desenvolvidas. Desse modo, o professor observou que, no caso do aluno com deficiência, sua proximidade com os colegas enseja a troca de conhecimentos. No caso dos outros alunos nota-se o sentimento de solidariedade, mesmo naqueles que ainda possam ter alguma resistência com relação à deficiência do outro.

Em relação a esse processo, segue o seguinte relato de caso:

Luiz chegou a nossa escola com 12 anos. O motivo da transferência era que seu comportamento passara, após a morte trágica do pai, a ser desabonador, não só na escola mas em casa, com a mãe e o irmão. De fato, Luiz, naquele momento, apresentava comportamento agressivo, às vezes disperso. Em sua classe havia três alunos com deficiência mental, dos quais Luiz se afastava ou os quais tratava com chacota. Isso foi o motivo de nossa primeira conversa. Dissemos a ele que naquela escola todos tinham a mesma oportunidade, independentemente de como fossem. Pedimos que observasse com atenção não a deficiência, mas o modo como seus colegas lutavam para superar as dificuldades. A conversa foi carinhosa e amena. A partir daí, observamos que Luiz mudou de comportamento, passando inclusive a travar uma relação especial com um de seus colegas com síndrome de Down e baixa visão. Os dois viveram, durante os três anos em que estiveram juntos na escola, uma amizade profunda e peculiar. Luiz, que se recusava a fazer as tarefas escolares, passou a ajudar o colega, escrevendo os trabalhos com a letra aumentada para que o outro pudesse copiar, já que sua visão era deficiente. Os dois trocavam filmes, figurinhas de álbum, um desenhava para o outro, dançavam hip-hop no intervalo, entre outras brincadeiras. Desse modo, os nós emocionais de Luiz foram se desfazendo e, ao terminar o Ensino Fundamental, foi possível (re)conhecer nele um menino ativo, responsável e solidário. Chegou, segundo relatos de sua mãe, a discutir com a família sobre preconceito, discriminação etc., em virtude de um caso ocorrido na própria casa, posicionando-se pela defesa da diferença.

A CONSCIENTIZAÇÃO DA COMUNIDADE ACERCA DA INCLUSÃO

As ações de conscientização devem ser contínuas e abranger toda a comunidade: funcionários, professores, alunos e suas famílias. Adotamos algumas práticas específicas em relação a isso:

- Convocávamos toda a equipe da escola para as reuniões pedagógicas em que se discutiam, entre outros assuntos, a inclusão.
- Nas reuniões de pais, as crianças também participavam para que discutissem nosso dia a dia inclusivo. Aplicávamos dinâmicas de superação, como: pedir aos destros que escrevessem com a mão esquerda e aos canhotos com a direita; escrever ou desenhar com os pés ou com a boca; vendar os olhos e identificar objetos pelo tato, entre outras atividades.
- Nossas reuniões pedagógicas eram momentos de estudo e verdadeira troca de experiências. Assim, quando alguém

novo chegava, nos incumbíamos a todos de auxiliá-lo em seu trabalho.

Vale incluir aqui o relato de uma professora depois de algum tempo na escola:

Pouco tempo depois de eu entrar na Escola Viva, matriculou-se em minha classe uma criança de 2 anos, deficiente visual. Fiquei um pouco assustada, porque, além de não ter experiência com a inclusão, senti consternação por ver aquela criança tão pequenina sem a alegria de enxergar o mundo como a maioria faz. Além da cegueira, ela apresentava um comportamento arredio por jamais ter se afastado dos pais ao longo da vida. Nos primeiros dias ela só chorava, o que me assustou mais ainda.

Permaneceu em meu colo o tempo todo, e eu não sabia o que fazer. A orientação da escola foi que eu tivesse paciência, porque com o tempo ela se socializaria. Todos os dias eu ia para casa pensando no que fazer com minha pequena cega. O primeiro sinal de que ela começava a "sentir" nosso grupo foi na aula de música, quando parou de chorar e, ao ritmo da melodia, começou a se mexer. Depois disso, levei para a sala um gravador que tocava músicas de roda, entre outras, durante todo o tempo em que ali estávamos. Com isso, a menina ficou mais calma e passou a sair do meu colo, permanecendo em pé ou sentada manuseando brinquedos. Também começou a balbuciar algumas palavras. Quando algum colleguinha lhe tomava um brinquedo, ela já reagia, fazendo força para retê-lo. Às vezes, dava alguns passos na sala, principalmente em direção a mim, quando eu dizia alguma coisa.

Percebi que isso também ocorria em relação aos colegas. Na hora do lanche, já buscava com as mãozinhas o alimento.

Percebi também que já estava integrada com a rotina. Ao chegar, caminhava com a lancheira na mão, procurando o lugar de pendurá-la. Um amiguinho, Vitor, sempre a ajudava nessa tarefa. Isso começou a ocorrer também em relação a outras atividades, como lavar as mãos, calçar os sapatos, guardar os brinquedos etc. Mas seu momento de expansão era sempre a aula de música, quando cantava, dançava e sorria muito. Um ano depois, nossa pequena está totalmente integrada à escola. Disparou a falar, brincar e participar de todas as atividades. Sua alegria ao chegar à escola é visível. Nosso grupo, estou certa, é muito importante em sua vida.

Analiso esse caso da seguinte maneira:

- *Tive muito medo e um sentimento doído de pena.*
- *Com o tempo e a ajuda dos colegas e da direção da escola, enfrentei a situação.*
- *Desconstruí muitos mitos que estavam em mim cristalizados para construir uma nova ideia de convivência, desenvolvimento infantil e educação.*
- *Acreditei mais no ser humano e em mim mesma.*

Sinto-me hoje uma professora realizada, que pode enfrentar os desafios que a profissão proporciona.

A conscientização da inclusão é também um trabalho que deve ser feito com os pais dos alunos com deficiência. O medo, a vergonha e a superproteção são os principais sentimentos que fazem as famílias dessas crianças terem atitudes anti-inclusivas. Nesses casos, a escola precisa fortalecer os laços de confiança, garantindo que o aluno com deficiência não será discriminado nem passará por qualquer tipo de violência dentro da instituição.

Acompanhei o seguinte caso em determinada rede municipal de ensino:

Gustavo, 13 anos, com deficiência mental leve, estava matriculado em uma classe do 1º ano do Ensino Fundamental, com crianças de 6 e 7 anos. Já alfabetizado e apresentando bom nível de aprendizagem, passou em determinada época a não querer ir para a escola. A equipe pedagógica, preocupada com sua recusa, procurou-me para que emitisse uma opinião. Fui à escola, observei Gustavo e percebi que ele não estava adaptado à classe. Por ser um menino alto, tamanho compatível para sua idade cronológica, às vezes, nas brincadeiras, esbarrava nos colegas com certa violência. Recomendei de imediato que Gustavo fosse reclassificado para uma classe de adolescentes de sua idade, ou seja, o 7º ano. A equipe pedagógica concordou. Contudo, a mãe de Gustavo não aceitou a reclassificação, alegando que ao conviver com meninos maiores ele poderia sofrer agressões, abusos etc. Como a mãe estava irredutível, a equipe sugeriu que ela permanecesse na escola durante as aulas por certo tempo, até que acreditasse que o filho estaria seguro naquele ambiente. A estratégia foi bem-sucedida e Gustavo adaptou-se aos novos colegas com facilidade. Depois de um tempo, a mãe de Gustavo deixou de permanecer na escola, por entender que ali ele estava assistido como todas as outras crianças.

O PREPARO DA EQUIPE

O preparo de todos os funcionários da escola é o que proporciona o êxito da inclusão. De nada adianta o professor ser capacitado a desenvolver seu trabalho se aqueles que estão no entorno não se apercebem do processo. Crianças com transtornos mentais – os autistas, por exemplo – têm dificuldade de permanecer em ambientes fechados como a sala de aula. Costumam andar pela escola aparentemente sem rumo. Aparentemente porque suas andanças são seu modo de interagir com o ambiente. No momento em que circulam, estão percebendo as dinâmicas e "aprendendo" de modo diferenciado.

Vejamos um caso que retrata tal processo muito bem:

Roberto, um menino de 8 anos com diagnóstico de autismo, foi matriculado na EV no 2º ano do Ensino Fundamental. Ao longo de três meses, não permaneceu na sala de aula sequer por cinco minutos. Seus locais preferidos eram o parque, a janela das salas de outras classes e, às vezes, a da sua. A professora, preocupada com essa questão, resolveu "provocar" Roberto. Certo dia, sem que ele notasse, saiu com os alunos da classe e foi realizar uma atividade nos fundos da escola. Em menos de cinco minutos, Roberto percebeu o ocorrido e começou a buscar os colegas. Ao encontrá-los, permaneceu com o grupo durante toda a atividade. A partir desse dia, a professora observou que ele se aproximou mais da classe, sempre atento para onde os colegas iam. Em uma visita ao zoológico, Roberto tomou conta dos colegas que se afastavam do grupo, trazendo-os para perto da professora. Quando Roberto estava fora da sala, os funcionários, professores e alunos cooperavam, procurando conversar com ele, saber o que estava fazendo etc.

Esse relato demonstra que a professora pôde contar com a equipe a todo momento e que seu trabalho não era criticado ou posto em dúvida. Entretanto, já tive conhecimento de um caso em que funcionários e pessoas da equipe pedagógica fizeram críticas a uma professora em situação semelhante à descrita. A professora relatou que, muitas vezes, trancou a porta da sala para que o aluno ali permanecesse e assim não gerasse comentários negativos ao seu trabalho. É necessário, contudo, que a situação esteja sob controle e que, aos poucos, avanços ocorram em relação à socialização dessas crianças.

Outro relato nessa direção me foi feito por uma aluna na ocasião de seu estágio em uma escola pública:

Na sala, havia uma criança com deficiência auditiva. Por algum motivo, ocorria uma grande agitação entre os alunos, quando a coordenadora da escola entrou na sala. Nesse momento, as crianças falavam todas juntas e provocavam o menino com deficiência. Em alto e bom som, a coordenadora disse: "Deixem o surdinho em paz!" Chegou a repetir a frase duas ou mais vezes.

O fato revela a desinformação dessa coordenadora, que deveria, por sua formação e por seu papel profissional, saber até que ponto esse discurso rotulador é prejudicial, tanto para o aluno com deficiência quanto para o grupo.

A MATRÍCULA DE ACORDO COM A IDADE SOCIAL DO ALUNO

Esta talvez seja uma das propostas mais polêmicas. Os critérios de inclusão do aluno com deficiência, sobretudo mental, devem corresponder à sua idade cronológica. Isso porque essas crianças e adolescentes necessitam construir sua identidade social. Em geral, algumas escolas ainda adotam o critério cognitivo como base da inclusão. O que precisa ser entendido é que, quando convive com pessoas de sua faixa etária, a pessoa com deficiência "copia" hábitos mais apropriados à sua idade social.

Vejamos o seguinte caso:

Mônica chegou à EV com 11 anos, apresentando, em face de sua deficiência mental, alguns comportamentos diferenciados, como o de beliscar os colegas e perturbá-los durante as aulas, entre outros. Sua aparência era desleixada: cabelos despenteados, unhas sujas etc. Embora sua família pertencesse à classe média alta, percebia-se que Mônica não era cuidada, ou não se cuidava, devido à total ausência do sentimento de autoimagem. Contudo, chamou atenção de suas colegas e da professora o fato de que, ao ir ao banheiro, mesmo antes de chegar lá, abaixava as calcinhas, assim como fazem crianças de 2 ou 3 anos.

Em se tratando de um grupo de 5º ano, fase em que as meninas já têm atitudes de preservação da intimidade, suas colegas passaram a acompanhá-la ao banheiro, ensinando-a como se portar. A vaidade também é uma característica dessa fase. Assim, em pouco tempo Mônica melhorou sua aparência – o que se evidenciava em seu cabelo penteado, às vezes com algum enfeite etc. Em conversa com sua mãe, soubemos que Mônica vinha de uma escola em que frequentava uma classe com crianças de 2 e 3 anos, de onde, certamente, "copiou" determinados modos de agir. A mãe relatou também que Mônica ultimamente vinha apresentando preocupação com a higiene e aparência. O fato é que com isso a menina tornou-se mais sociável, podendo ir com a família para qualquer lugar, sobretudo espaços públicos, já que passou a ter um comportamento adequado à sua idade cronológica.

A dúvida que ainda ocorre nesses casos de inclusão por idade diz respeito à questão do desenvolvimento cognitivo/intelectual dos alunos com deficiência. É comum ouvir de professores que o aluno com deficiência "não acompanha" a turma. Essa visão tem como base a ideia de que a classe escolar é homogênea e que qualquer diferença de nível intelectual pode atrapalhar o andamento do aprendizado da turma. Desse modo, o aluno acaba sendo vítima da reprovação ou de uma sala especial. Muitos ficam estagnados em determinadas classes ou anos escolares devido, na maioria das vezes, a uma avaliação malfeita (questão que discutirei mais à frente, no Capítulo 7).

A IMPORTÂNCIA DA APRENDIZAGEM DE VIDA
Essa também é uma questão difícil de ser discutida – e sobretudo de ser aceita – na educação contemporânea. A escola não é mais

apenas uma instituição de ensino de conteúdos científicos. É, cada dia mais, um centro de formação de indivíduos, com vistas à construção de valores e inserção social, já que muitas famílias, por uma série de razões, não assumem mais tais responsabilidades. Ou, por vezes, mantêm valores antiquados que há muito já deveriam ter sido substituídos. Como no seguinte caso:

A mãe de Carina, 3 anos, ia dar-lhe uma palmada quando a pequena disse:
— Não, mamãe! Não bate em mim. Faz como a tia lá da escola, me põe pra pensar![4]
No dia seguinte, a mãe foi à escola e relatou o acontecido. Disse também que se sentiu envergonhada pelo fato de a pequenina ter-lhe chamado a atenção e sugerido uma nova forma de punição menos agressiva, aprendida na escola.

O seguinte caso, embora sem um final feliz, também demonstra as relações sociais entre os conceitos familiares e os escolares:

Dois alunos, de 12 e 13 anos, passaram a chamar atenção do grupo em virtude das atitudes preconceituosas contra pessoas negras da escola. Por várias vezes foram repreendidos por professores ou colegas que se posicionavam contra suas atitudes. Chegaram ao ponto de ofender uma professora dizendo que ela fedia devido a sua cor.

---

4. "Pôr para pensar" é sentar a criança em uma cadeira por alguns minutos, excluindo-a das atividades do grupo. Isso ocorre quando ela tem um comportamento antissocial.

Dessa vez, a família foi chamada à escola para uma conversa em que se pudesse discutir a atitude dos meninos e reorientá-los para um novo modelo social. O problema é que tanto a mãe quanto o pai tomaram o partido dos filhos, dizendo que as pessoas podem ter escolhas e gostar ou não das outras por terem essa ou aquela cor. O espanto maior da equipe deu-se em virtude de saberem que o pai dos meninos era um líder religioso na comunidade. Em face do episódio, os meninos foram transferidos para outra escola, segundo a mãe, para um lugar onde tivessem liberdade de expressão.

Os fatos narrados revelam em pequena escala o que ocorre mais amplamente na relação conflituosa entre a escola e a família. As instituições escolares, em geral, buscam ensinar e desenvolver, além dos conteúdos oficiais, novos conceitos relativos a saúde, alimentação, sexualidade, gênero, ecologia, comportamento social etc. Contudo, nem sempre põem em prática tais concepções – como quando não aceitam um aluno com deficiência pelo fato de que ele não aprende na mesma velocidade que os outros. O diferencial da escola inclusiva é justamente a valorização da vida, da construção de atitudes, do respeito ao outro. Além, obviamente, dos conteúdos escolares.

O PLANO DIDÁTICO BASEADO NA REALIDADE DOS ALUNOS

A elaboração do plano didático não mais mediante parâmetros preestabelecidos, mas levando em conta a realidade dos alunos, é o que podemos chamar de verdadeira mudança na concepção da prática pedagógica. Isso porque o ensino "a distância" – não o virtual, mas aquele que vem pronto diretamente das editoras de livros didáticos estabelecidas no Sul e Sudeste do país – se já não funcionava antes, agora faz menos efeito ainda.

Com a educação inclusiva, emerge a necessidade premente de pensar a educação como algo que atenda de fato à realidade. Ou seja, que observe o que se passa na sala de aula, bem como na escola e no espaço em que vivem os alunos. Desse eixo principal partem as construções de outros espaços e tempos mais distantes e distintos.

Quero dizer com isso que o professor deve "aproveitar" o universo real e próximo dos alunos para desenvolver sua prática, bem como ter a capacidade de ambientar situações inclusivas – como tornar as aulas mais visuais, caso haja um deficiente auditivo; ou mais auditivas, caso haja um deficiente visual. Vale relatar o seguinte caso:

Preocupada com um deficiente visual de 8 anos, recém-matriculado na escola, a professora resolveu desenvolver jogos que lhe proporcionassem conhecimentos sobre a localização dos objetos e das pessoas. Como o menino apresentava, além da cegueira, dificuldade de linguagem, em virtude da exclusão vivida até então, o objetivo das atividades era melhorar a interação do garoto com o ambiente e os colegas.

O primeiro jogo feito com toda a classe foi "O rabo do burro"[5]*, que consiste em vendar os olhos da criança e orientá-la, por meio*

---

5. Sugestões de atividades didáticas com esse jogo poderão ser encontradas na parte final do livro.

de comandos, a colocar o rabo no local exato, no traseiro do burro. O jogo pode ser feito de várias formas e adaptado para o conteúdo escolar.[6] A professora buscou tornar suas aulas cada vez mais auditivas e táteis. Em fase de aquisição da escrita – alguns alunos ainda não estavam alfabetizados –, os próprios alunos construíam letras, números e sinais gráficos com canudos de jornal ou outros materiais que lhes permitissem realizar o conhecimento abstrato por meio de ações concretas. Na hora do recreio, a professora dirigia jogos de natureza sinestésica, como "Morto/vivo", "A linda rosa juvenil", "Cabra-cega" etc. Em decorrência desse trabalho, tanto o aluno com deficiência como as outras crianças se desenvolveram – especialmente aquelas com defasagem na aquisição da leitura.

Outro caso de aproveitamento da realidade é o da professora que, ao receber uma criança com deficiência auditiva, buscou, por meio da observação, compreender os processos pelos quais esse aluno estabelecia sua comunicação e, então, tentou descobrir de que modo podia promover seu processo de alfabetização. A seguir, o depoimento da professora:

O Victor é meu aluno há três anos. Ele é deficiente auditivo e também apresenta certa dificuldade motora em virtude de uma hemiplegia (paralisação de um dos lados). Sua trajetória foi a seguinte: até os 8 anos frequentou escola especial para surdos, onde

---

6. Para saber mais, recomendo a leitura de *Jogo, brinquedo, brincadeira e a educação*, de Tizuko Morchida Kishimoto (São Paulo: Cortez, 1997).

aprendeu a Língua Brasileira de Sinais (Libras). Quando chegou à EV, tinha sérios problemas de interação. Apresentava certo nervosismo e ansiedade em relação ao convívio com o grupo, o que com o tempo foi sendo superado. Seu processo de alfabetização vem se realizando lentamente ao longo desse tempo. Desde o começo, intuí que deveria utilizar os recursos visuais como base desse processo. Por isso, a classe inteira trabalhou – e ainda trabalha – com imagens o tempo todo. Aprendi também que deveria sempre me dirigir a ele pela frente e mostrar-lhe minha boca quando falava. Entre as atividades que desenvolvemos, dou sempre ênfase às que podemos realizar utilizando também a linguagem não verbal – gestos, símbolos, desenhos, fotos etc.

Nas aulas de recuperação que Victor frequenta, pude observar melhor quais são suas hipóteses de fala e de escrita. O que me chamou mais a atenção é que ele generaliza várias coisas sob a mesma denominação. Por exemplo: todos os animais de penas ele chama de piu-piu; gatos e cachorros, de au-au; frutas, verduras e legumes de papá etc. Com essa informação, percebi que havia necessidade de ampliar seu vocabulário, e para isso fiz algumas fichas com palavras e imagens de objetos de um mesmo campo semântico.

Desenhe estes animais:
CACHORRO GATO RATO ELEFANTE PASSARINHO PATO GALINHA

O objetivo dessa atividade foi mostrar-lhe a especificidade da língua, bem como da escrita. Após a aplicação de algumas atividades como essa, Victor passou a perguntar o "nome" das coisas, por perceber que elas têm peculiaridades. A "alfabetização auditiva" e a apreensão da língua por Victor haviam se estagnado em um período em que a criança ainda "reduz" ou simplifica as palavras a onomatopeias. Agora, Victor começa também a identificar as diferentes formas das palavras. Interessou-se de fato por aprender as letras e começa a utilizá-las (ainda no nível pré-silábico). Gosta também de copiar a escrita dos colegas e quer que eu leia para ele muitas coisas, sobretudo as que lhe chamam atenção pela funcionalidade, como é o caso dos bilhetes que vão pela agenda escolar. Destaco aqui que as atividades descritas foram aplicadas com toda a classe, e não somente com Victor.

A ÊNFASE NO POTENCIAL DO ALUNO

Essa é a questão mais complexa, a que gera mais dúvidas em professores que têm alunos com deficiência. Embora esse assunto seja esmiuçado no Capítulo 7, adianto que a avaliação, não só do aluno com deficiência, mas de todo indivíduo inserido em um processo de aprendizagem, deve ser contínua e particularizada. Isso quer dizer que, na perspectiva dialógica da avaliação, leva-se em conta o sujeito e não o objeto. Melhor dizendo, ao professor deve interessar o que o aluno sabe sobre aquele assunto e não o que o próprio professor sabe. O seguinte caso explicita melhor a questão:

> Ao fazer uma avaliação oral da turma, a professora de espanhol pediu aos alunos que dissessem nomes de animais nessa língua. Um aluno com deficiência mental demorou um pouco e disse: "Cavalo" (em português). A professora, então, perguntou se o menino não sabia espanhol. Ele respondeu que o colega a seu

lado sabia. Para a professora, o aluno avançou em seu conhecimento, tendo em vista que:

- participou da avaliação com muita atenção, algo que não fazia antes, em virtude de seu comportamento disperso;
- entendeu que ela perguntava sobre animais;
- tentou resolver a questão dizendo que o colega sabia a resposta.

Desse modo, a professora avalia o sujeito e não o objeto em questão, valorizando os avanços que, apesar de sua limitação, o aluno com deficiência pode apresentar.

A AJUDA MÉDICA EM CASOS EXTREMOS

Este item relaciona-se com algo muito específico que precisa ser de conhecimento de todos que trabalham pela educação inclusiva: a agressividade. Essa questão diz respeito não mais à escola, mas à família e ao sistema de saúde. O comportamento frequentemente agressivo por parte do aluno não permite que se consigam avanços na aprendizagem – do grupo ou dele próprio. Mediante tal situação, é necessário que a escola tome providências, conversando com a família ou com as autoridades competentes, para que o aluno seja encaminhado ao serviço de saúde que possa assisti-lo na recuperação ou no controle de sua saúde mental. A questão não é simples, tendo em vista que a agressividade não é necessariamente uma característica da deficiência mental, mas pode advir de outras patologias de natureza psicológica, o que somente os profissionais especialistas nessas áreas podem diagnosticar e tratar.

Contudo, é preciso que a escola esteja atenta ao fato de que um indivíduo com alto grau de agressividade, além de conturbar o ambiente, põe em risco a integridade de outras pessoas. Vejamos o caso a seguir:

Chegou a nossa escola um menino de 14 anos, já com físico de adulto, com deficiência mental média – ele andava, falava e narrava fatos, ainda que com alguma dificuldade. Segundo a família, ele não fora aceito em nenhuma escola até aquele momento. Já no primeiro dia, o aluno agrediu violentamente dois colegas e um professor. Observamos que a agressão era gratuita, ou seja, sem motivo aparente, evidenciando seu descontrole. Após uma semana de frequência e inúmeras agressões, conversamos com a mãe, que nos disse que ele estava sob tratamento e que o médico dele gostaria de conversar conosco. Dois membros da equipe pedagógica se dispuseram a conversar com o médico. Este confirmou que a questão era de fato patológica e que a família não ministrava adequadamente a medicação, o que aumentava a agressividade do adolescente. Diante do exposto pelo especialista, solicitamos à família que revisse sua decisão de matriculá-lo na escola sem o devido tratamento, já que estavam em risco outras pessoas. Com isso, a família tomou a decisão de retirar o filho da escola e continuar mantendo-o em situação de exclusão, enclausurado na própria casa.

A questão da agressividade do aluno com deficiência, às vezes, está ligada à exclusão. Qualquer pessoa, mesmo sem deficiência, necessita da interação social para aprender a conter seus instintos. O controle emocional se desenvolve mediante limites impostos pelo outro e pelo meio social. A criança ainda pequena, com deficiência ou não, aprende a "jogar" para realizar seus desejos, negociando com os desejos do outro. Todavia, isso é algo que precisa ser praticado desde a mais tenra idade. Daí a importância de a criança ser incluída, inclusive no ambiente escolar, o mais precocemente possível.

A INTUIÇÃO ALIADA À PEDAGOGIA

Este tópico trata de um recurso importante que deve ser levado em conta no processo de inclusão de pessoas com deficiência, assim como em outras situações escolares que, muitas vezes, não estão prescritas em manuais científicos: a intuição. A convivência diária na escola permite o desenvolvimento do conhecimento mútuo entre professores e alunos. Desse conhecimento se constroem atitudes justas, positivas e eficientes. O relato a seguir exemplifica a questão:

O professor de Educação Física percebeu que uma de suas alunas com deficiência física, cadeirante, antes muito participativa, passou a se recusar a frequentar as aulas. Queixava-se de dor de cabeça ou dava desculpas. Intrigado, e movido por sua intuição, o professor resolveu conversar com a classe sobre as concepções da disciplina de Educação Física. Muitos disseram que essas aulas ensinavam os alunos a jogar e a participar de competições. Quando chegou a vez da aluna em questão, sua concepção também era a de que o esporte é a base da disciplina e que a competição é a meta principal. O professor perguntou-lhe, então, se aquele era o motivo de ela não querer mais participar das aulas. A resposta foi positiva. Aí estava a solução do problema. Foi preciso que o professor trouxesse para a classe novos conceitos sobre a Educação Física, reorientando assim não somente suas aulas, mas a concepção dos alunos sobre o próprio corpo.

Outro caso revela que a experiência é uma importante ferramenta para tomar decisões ou solucionar problemas:

Lúcia chegou a nossa escola com 14 anos, apresentando um quadro de deficiência mental sem diagnóstico definido. Lúcia era obesa, andava arrastando os pés, babava, dificilmente pronunciava uma palavra e se autoflagelava violentamente, arrancando pedaços da pele do rosto e dos braços com as unhas. Como é nosso procedimento, matriculamos Lúcia no 8º ano, com alunos de sua idade. Ao longo de seis meses, percebemos que, apesar das inúmeras situações de interação, Lúcia continuava passiva, com olhar distante, sem nenhuma mudança. Nossa experiência com a deficiência mental em meio à inclusão nos fez intuir que havia ali algo além das limitações mentais. Sugerimos à família que submetesse Lúcia a uma nova avaliação psiquiátrica, com outro médico que não o seu, para que obtivesse uma segunda opinião. Dito e feito. Mediante exames minuciosos, o segundo médico trocou a medicação da menina. Após algumas semanas percebemos a mudança no comportamento de Lúcia, que passou a falar com todos, em casa e na escola. Começou também a participar das atividades escolares, ainda que dentro de suas limitações. Interessou-se, segundo relato da família, pelas tarefas da casa, pelas conversas e até por mudanças em sua aparência. Emagreceu, cortou e pintou os cabelos, como fazem as adolescentes de hoje. Comemorou seu aniversário de 15 anos com uma grande festa. Paralelamente a isso, sua mãe, uma mulher de classe média alta que abandonou todas as suas atividades para se dedicar a Lúcia, resolveu retomar os estudos e entrou na faculdade de Pedagogia. Ao terminar o Ensino Fundamental, Lúcia deixou nossa escola, porque não temos Ensino Médio. Sabemos que ela não está indo à escola, mas sua vida mudou. Lúcia participa da vida social da família, fez amigos no bairro e tem planos de trabalhar na escola que sua mãe pretende montar depois de se formar.

Esse caso não é um exemplo de inclusão escolar somente do ponto de vista pedagógico. Ele caracteriza uma situação de inclusão social. Ao sair de casa e ter contato com um grupo de pessoas diferentes das que via habitualmente, Lúcia pôde ser mais bem observada, comparada e, a partir daí, mudar sua condição de extrema passividade mediante a dinâmica da vida.

Notamos também que sua mãe, ao ver-se livre da incumbência de cuidar da filha o tempo todo, retomou suas atividades fora de casa. Esse é o outro lado do processo de inclusão: a família sente que o "peso" da deficiência diminui. Lembro-me da mãe de Lúcia dizendo que ficou muito feliz ao ver a filha entrando no transporte escolar, como fazem as crianças da vizinhança. Relatos como esse, no momento em que a inclusão ainda se estabelece em meio à sociedade, servem de incentivo a quem já acredita nela – bem como aos que ainda têm muito que aprender.

Além dessas direções, tomamos algumas posições bastante inovadoras em relação a certos padrões estabelecidos. Por exemplo, não nos preocuparmos com diagnósticos médicos que não fossem aqueles que atestavam que a criança poderia frequentar a escola. Isso porque não éramos médicos e porque o que nos interessava era aprender a lidar com as crianças partindo de nossas relações com elas – e não por meio de um "manual" preestabelecido. Até porque o que se sabe sobre a deficiência ainda é pouco e muda a cada dia. A experiência, ao contrário, comprova que as pessoas com deficiência têm um grande poder de superação.

Nossa equipe foi convidada a participar de alguns cursos sobre determinadas deficiências, e quase sempre saíamos de lá frustrados com a forma taxativa de descrever essas pessoas. Ou com a ideia de que ele só poderá aprender dessa ou daquela maneira. Outra conclusão importante a que chegamos é que mesmo aqueles que apresentam síndromes, ou seja, características genéticas semelhantes, são seres humanos bem diferentes.

Nessa perspectiva, quebramos muitos tabus e paradigmas cristalizados em relação à deficiência. Tínhamos – e ainda temos – certeza de que a interação social é o recurso fundamental para o desenvolvimento das pessoas com deficiência.

5 ¦ MITOS, ENGANOS E EQUÍVOCOS NA INCLUSÃO

COMO QUALQUER OUTRO CONCEITO, o de "deficiência" é carregado de mitos, equívocos ou ideias que se originam em práticas retrógradas ou no senso comum. Assim, nesta parte do livro pretendo apresentar e discutir o que nos dias de hoje se considera verdade ou mentira em relação à deficiência e à educação inclusiva.

Para ilustrar, começo com o relato de uma cena que presenciei na fila de um caixa eletrônico de banco:

Havia várias pessoas na fila e chegou um rapaz na cadeira de rodas. Todos imediatamente afastaram-se para que ele passasse à frente. Com extremo bom humor, o rapaz disse: "Não se preocupem que eu acompanho a fila, afinal, eu estou sentado e vocês estão em pé".

A atitude do rapaz revela que, tanto para mais quanto para menos, às vezes são cometidos erros na forma de lidar com a deficiência ou com a pessoa que a carrega. Vejamos o que diz um jovem estudante que cursa o 8º período de Letras de uma universidade estadual e trabalha em uma instituição federal para a qual prestou concurso:

Acredito que o corpo fala mais do que qualquer atitude. Sendo assim, o preconceito ou a anulação dele são perceptíveis por meio do olhar. Por isso, sempre constatei quem era preconceituoso ou não pelas expressões corporais, principalmente pelo olhar.

As pessoas que me viam apenas como "pessoa com deficiência" enxergavam apenas um indivíduo em uma cadeira de rodas, incapaz, improdutivo, coitadinho, bichinho... Isso podia ser constatado por meio das seguintes expressões: "Ele estuda?"; "Ele fala direitinho!"; "Nossa, como ele é inteligente!"; "Nossa, ele trabalha?"

Felizmente, essas pessoas eram poucas e se dividiam em duas espécies: pessoas com mentalidade antiga/sem instrução ou pessoas maldosas.

Isso nunca me afetou, apesar de exigir de mim mais esforço, cuidado e qualidade em meus trabalhos. Por isso, talvez, sofro de um perfeccionismo extremado. Sempre tento fazer qualquer atividade com o máximo de exatidão. A menor crítica sempre foi encarada como impulso, embora fosse dolorosa.

Não tive dificuldades ou problemas com a educação, só pequenas divergências no que tange à didática/postura de alguns professores, pois, mesmo sem o embasamento teórico adquirido posteriormente na universidade, sempre fui crítico/reflexivo. Ao mostrar minha capacidade, meu desempenho, os docentes tratavam-me bem, como a qualquer outro aluno.

Minhas notas, desde o Ensino Médio, estão em torno de 9 e 10. Por isso, fui visto como inteligente/estudioso pelos colegas de turma e professores.

No meio social, em alguns eventos e lugares, encontro empecilhos físico-arquitetônicos. Isso sempre me deixa envergonhado: mesmo sabendo que é meu direito, não gosto de exigi-lo. Fica parecendo que estou incomodando, que estão fazendo "caridade", quando se articula um número de pessoas e coisas para que eu chegue aonde devo. Certa vez, um grupo inteiro teve de descer de um andar porque eu não podia acessá-lo para participar da reunião. Algumas pessoas disseram: "Tivemos que mudar de sala por causa do nosso colega". Ora, as pessoas não constroem os hotéis acessíveis e a culpa ainda é minha? Foi muito constrangedor.

Porém, houve momentos em que as pessoas demonstraram felicidade, carinho, gosto, respeito por facilitar o meu acesso. Isso é menos constrangedor. Por fim, acredito que, para ser livres de preconceito, precisamos enxergar quem está por trás da deficiência: o ser humano, o indivíduo, possuidor de direitos e deveres, qualidades e defeitos...

De posse disso, todos, em qualquer nível ou profissão, poderão atingir seus objetivos para a inclusão. Pois quando conhecemos o outro em suas especificidades encontramos também os caminhos para educá-lo, tratá-lo, tê-lo como cliente etc.

Retomando as ideias descritas no Capítulo 3 (Ramos, 2006), devemos estar atentos aos seguintes mitos:

"As pessoas com deficiência necessitam de cuidados especiais"
Como já foi dito, na maioria dos casos, isso não traduz a realidade. Muitas pessoas com deficiência até preferem ser tratadas sem nenhuma distinção. O caso relatado anteriormente exemplifica perfeitamente tal situação.

"Os profissionais que lidam com as pessoas com deficiência, principalmente os professores, precisam ser especialistas"
As mães desses alunos não são especialistas e, quase sempre, cuidam deles muito bem. Contudo, é necessário que o professor esteja atento ao que pode fazer para contribuir para o desenvolvimento das pessoas com deficiência.

O professor deve estar preparado para sua função, que é a de promover o desenvolvimento de seus alunos. Para isso, precisa ter conhecimento dos conteúdos específicos e, na mesma proporção, das práticas pedagógicas disponíveis. Melhor dizendo, o professor tem de conhecer os processos que envolvem a relação ensino/aprendizagem e não somente os conteúdos específicos das disciplinas que leciona. Quando isso não ocorre, ou seja, o professor não conhece novas práticas pedagógicas, utiliza as antigas, aquelas que foram vivenciadas por ele em seu processo educacional, tornando suas aulas maçantes e improdutivas, tendo em vista que novos tempos demandam novas atitudes.

"As pessoas com deficiência têm de frequentar escolas especiais"

É justamente por terem alguma deficiência visível que elas precisam de escolas comuns, para que possam conviver com pessoas potencialmente mais capazes e, dessa forma, construir um referencial mais próximo da normalidade.

Essa questão, já bastante discutida, ainda suscita controvérsias. Sempre ouço pessoas desinformadas se referirem às escolas especiais como instituições que "fazem um trabalho maravilhoso com AQUELAS crianças com problemas". O que realmente precisa ser difundido e aplicado na sociedade é a inclusão. A impressão que se tem é que essas escolas ainda sobrevivem em face do preconceito e da desinformação de alguns setores, para garantir empregos e posições sociais a determinadas pessoas.

Certa vez, fui convidada por uma prefeitura para implementar a educação inclusiva no município. De imediato, descobri que havia uma sala especial para alunos com deficiência que funcionava em um espaço pequeno e afastado do ambiente escolar. Naquele espaço, duas professoras trabalhavam individualmente com as crianças e os adolescentes, sem qualquer orientação. Uns rabiscavam, outros passavam o lápis sobre desenhos mimeografados; os que tinham problemas mais graves simplesmente não faziam nenhuma atividade. Perguntei à secretária sobre aquele "trabalho" e quando poderíamos começar a incluir aquelas crianças. Ela me respondeu que com aquela sala não poderíamos mexer, porque era a "grande obra da primeira-dama". Infelizmente essa situação se repete em muitos lugares deste país, inclusive em grandes cidades.

A questão vai além da desinformação, caracterizando-se muitas vezes como perversidade, já que se coloca em privação social alguém que não tem como reivindicar seus direitos. Um aluno de Pedagogia, pesquisador da área da inclusão, relatou recentemente que uma menina com síndrome de Down se negou a frequentar uma escola especial em Petrolina (PE), alegando que lá só tem "gente feia". O que se pode inferir dessa recusa é que a própria pessoa com deficiência percebe que está sendo excluída e considerada mais deficiente do que verdadeiramente é. Outro episódio interessante ocorreu em uma comunidade escolar muito carente em que fiz palestras sobre a inclusão escolar. O pai de um aluno, ao ouvir nossos argumentos sobre incluir uma criança com deficiência mental que estava sendo rechaçada pelos colegas – e ameaçada de voltar à escola especial –, concluiu: "Eu entendi que esse negócio de inclusão é como a gente jogar futebol num time que só tem perna de pau. A gente não aprende nada. Mas se jogar num time de craques, a gente pode melhorar".

Seu Francisco, de forma simplificada, convenceu a todos que aquela criança poderia desenvolver-se mais e ter novas perspectivas de vida se pudesse partilhar o conhecimento com alguém mais hábil do que ela.

A queda de braço entre a escola especial e os inclusivistas só terminará quando o próprio Estado intervier legalmente nesse tipo de segregação, ou seja, quando a obrigatoriedade de escolarização se estender também às pessoas com deficiência.

A sociedade de fato espera que se proliferem por todo o país centros de atendimento especializado para pessoas com necessidades específicas – psicológicas, físicas, auditivas, visuais etc. Isso deve ser feito, sem dúvida, mas *fora* da escola, no contraturno. Já a educação se faz na escola, com pessoas iguais e diferentes.

"As pessoas com deficiência atrapalham a aprendizagem das outras crianças"

Essa é uma questão já resolvida na escola pública, mas que ainda apresenta resistência em algumas escolas particulares. A ideia de tornar a escola uma baia de corrida em direção ao vestibular estabelece que NADA pode atrapalhar a disputa. Isso se fundamenta na concepção de que o professor (treinador) terá de parar a todo momento para assistir o aluno com deficiência ou preparar para ele conteúdos adaptados. Aliás, esta vem sendo uma prática extremamente equivocada. Nenhum aluno deve ser diferenciado na sala de aula, por este ou aquele motivo. O material deve ser o mesmo; as atividades, idem; e o tratamento, igualitário. Pode-se e deve-se, por motivos óbvios, admitir as adaptações espaciais ou instrumentais para os casos específicos, como o uso de mesas, cadeiras ou aparelhos necessários à pessoa com deficiência. Mas o conteúdo escolar não deve ser diferente.

Também está equivocada a permissividade com o aluno com deficiência no que se refere à assiduidade. Estando bem de saúde, o aluno com deficiência não deve faltar às aulas. Há casos em que a própria família não se compromete a levar a criança com deficiência à escola, porque, muitas vezes, não acredita que ela possa de fato progredir. Nesse caso, cabe à escola chamar a família e conscientizá-la da importância da presença do aluno na aula. Só assim ele próprio será capaz de construir o senso de responsabilidade. O próximo caso exemplifica essa questão:

A professora de Artes solicitou aos alunos que trouxessem para a escola uma camiseta. Cada peça seria personalizada e doada aos adolescentes de um lar/abrigo. Justamente nesse dia, a família de uma aluna com deficiência mental resolveu antecipar uma viagem à praia, o que a impediria de ir à escola. Mesmo com dificuldades na fala e na comunicação, essa aluna fez que a família entendesse que ela precisava ir à aula para terminar o trabalho e entregar o presente.

Outro ponto a ser considerado é que a pessoa com deficiência, apesar de suas limitações físicas ou mentais, não perde seus sentimentos, o temperamento próprio, a personalidade, e pode desenvolver habilidades sociais, como o cuidado dos próprios pertences (mesmo que só tenham valor afetivo). Vejamos o seguinte caso:

Certa vez, uma aluna com deficiência múltipla – síndrome de Down, baixa visão e afasia – perdeu sua caneta de várias cores. Depois disso, ela não quis mais ir à escola e pôs-se a chorar copiosamente. No intuito de acabar com seu sofrimento, a secretária deu-lhe uma caneta igual, dizendo que havia encontrado a sua.

Após realizar uma análise minuciosa da caneta, devolveu-a e deu a entender que aquela não era a sua. A secretária tentou então convencê-la de que aquela era igual à outra. Ela continuou resistindo e conseguiu explicar que a sua tinha sido dada pela mãe. Com todas as suas limitações, essa adolescente mostrou ter desenvolvido um sentimento comum: o valor afetivo, que por um instante foi desconsiderado pelas pessoas a sua volta.

A QUESTÃO DA SEXUALIDADE

Outro mito que devemos combater é o de que toda pessoa com deficiência tem a sexualidade exacerbada. Convenhamos que o comportamento sexual, como qualquer outro, é aprendido na convivência social, em contato com as regras do grupo. Desse modo, a criança com deficiência, desde pequena, estando incluída, aprende a preservar sua intimidade e a controlar, quando adolescente e adulta, seus desejos sexuais. Isso se dá por meio da educação que recebe da família e da escola – que deve agir com ela nos mesmos parâmetros que age com crianças sem deficiência. Nossa experiência na EV nos mostra que essa nunca foi uma questão relevante na educação inclusiva. Ao contrário, os casos de comportamento inadequado em relação à sexualidade partiram e ainda partem de crianças ou adolescentes sem deficiência (aparente).

Atualmente, também a medicina vem contribuindo para derrubar mitos na área da saúde desse público. Aliás, é importante lembrar que ter deficiência não significa necessariamente ser doente, e que a saúde vem sendo vista também como qualidade de vida. É possível ver pessoas com deficiência com extrema autonomia pessoal e profissional, desempenhando importantes papéis sociais.

O capítulo a seguir trata das questões relativas à prática pedagógica e ao que deve (ou não) ser mudado na escola inclusiva.

6 | INCLUSÃO NA PRÁTICA

CONSIDERANDO AS DIFERENÇAS

Apesar de toda a informação disponível sobre a educação inclusiva, os professores ainda temem quando em sua classe é matriculado um aluno com deficiência. Isso porque lidar com o outro é sempre um desafio, em especial quando esse outro é diferente – bem diferente. Partindo dessa questão, tratarei agora de "desvendar" alguns mitos e propor algumas soluções.

O primeiro passo é REALMENTE desfazer a ideia de homogeneidade e ter consciência das diferenças. Refiro-me aqui ao fato de que a aprendizagem é algo individual que ocorre no âmbito coletivo, isto é, as representações do objeto só se tornam as mesmas quando esse objeto é partilhado por um grupo.

Na escola inclusiva, temos de acreditar que a teoria socioconstrutivista de fato funciona e que as diferenças entre os sujeitos de um grupo é que promovem o desenvolvimento. Nesse caso, é necessário que se estabeleçam alguns princípios, como organizar um plano didático voltado para a real condição do grupo, valorizando a coletividade. O professor poderá ter, em uma classe avançada, um aluno que, em virtude de sua deficiência mental, não lê nem escreve ou é incapaz de fazer operações matemáticas. De que modo o educador pode incluir esse aluno para que não fique de lado?

O caso a seguir é resultado da percepção e da capacidade didática do professor:

Ao entrar em uma sala em que a professora ensina equações, percebo que os números estão escritos na lousa em cores distintas. Ao perguntar-lhe sobre a razão do colorido nas atividades, ela explica que isso chama a atenção de uma aluna com deficiência que no momento está aprendendo as cores e lhe atrai copiar os números e trocar as cores dos lápis, sempre perguntando aos colegas que cor é aquela. Com isso, a aluna participa da atividade, embora não partilhe da resolução matemática das equações. Ou seja, incluir não significa apenas ter o aluno na sala, tampouco tratá-lo com distinção aplicando-lhe atividades adaptadas. Vale a pena relatar aqui que outros alunos sem deficiência também se beneficiaram com essa atividade, tendo em vista que a professora estabeleceu com eles regras de resolução baseadas nas cores.

Vejamos mais um exemplo interessante:

Certa professora, tendo um aluno surdo e não conhecendo a Língua Brasileira de Sinais, resolveu aprendê-la junto com os estudantes. Ainda que precariamente, foram praticando essa modalidade de comunicação usando um manual conseguido na internet. Passaram a construir frases, textos escritos e em libras concomitantemente. Além disso, a educadora incluiu sistematicamente em suas aulas expressões não verbais, como o desenho (chamou-me atenção a conjugação dos verbos traduzida por desenhos feitos pelas próprias crianças em forma de história em quadrinhos) e o ditado mudo, atividade em que a professora mostra os objetos ou faz movimentos com a boca para que os alunos compreendam e escrevam a palavra. Durante todo o ano, sem adaptar conteúdos para o deficiente auditivo, a professora transpôs os conteúdos para atender às necessidades desse aluno, bem como as de outras crianças da classe.

O caso a seguir trata de um projeto elaborado pela professora de Artes do 9º ano do Ensino Fundamental:

Visando trabalhar o cubismo, a professora organizou passos pedagógicos em direção à construção da estética desse movimento artístico, de modo que TODOS *pudessem participar de alguma forma, isso porque havia em sua classe dois alunos com deficiência mental. Na primeira etapa, a professora levou os alunos para um passeio pelo quarteirão e orientou-os a observar as formas presentes na natureza. Em seguida, já de volta à classe, a professora pediu que eles desenhassem o que observaram ter formas circulares, retangulares, triangulares, ovais etc. Pelo fato de a* escola estar localizada na zona rural, os alunos puderam observar em árvores, pedras e animais as diversas formas. Na segunda etapa, a professora orientou aos alunos a observar no próprio rosto e no rosto dos colegas as formas geométricas. Em seguida, cada um se desenhou, observando a forma dos olhos, da boca, do nariz, dos dentes etc. O terceiro momento contemplou as formas da escrita. Letras com formas circulares, quadradas, retangulares, ovais etc. foram observadas e desenhadas. Em seguida, cada aluno escolheu uma forma geométrica para escrever seu nome. Essa etapa suscitou em uma aluna com deficiência o desejo de aprender a escrever o próprio nome – o que de fato o fez. As próximas etapas, em que a professora trabalhou com as cores e a própria teoria do cubismo, só aumentaram na aluna o desejo de fazer as tarefas (à sua maneira) e escrever seu nome como fazem os artistas em suas obras.

Nota-se que a professora conseguiu incluir todos os alunos nas aulas. Poderíamos dizer, metaforicamente, que cada um tirou desse inteiro o seu quinhão, ou seja, enquanto uns aprendem a complexidade do cubismo, outros podem aprender a escrever o próprio nome. É importante relatar também que, depois de aprender a escrever o próprio nome, a aluna apresentou uma espécie de empoderamento[7], a ponto de querer tirar documento de identidade, uma vez que já podia assiná-lo.

---

7. Neologismo utilizado no campo das ciências sociais para denominar a tomada do poder de indivíduos ou grupos em relação aos seus próprios direitos humanos e sociais.

Outra questão importante é que a escola cuide da manutenção do processo de inclusão em todos os sentidos, trabalhando também algumas atitudes que a própria família demonstra em relação ao filho com deficiência. O caso a seguir é exemplar desse processo:

Ao matricular Luiz na EV, sua mãe relutou em comprar o material escolar. Ela alegava que o filho não utilizaria o que fora solicitado, pois na época ainda não lia nem tinha escrita alfabética. Por insistência nossa, acabou comprando o material. Por imitação, Luiz utilizava cadernos, livros, régua, borracha etc. O tempo foi passando. Um dia, quando já estava no 7º ano, Luiz me disse que no dia seguinte ia passear com o pai e comer churrasco. Perguntei se ele não viria à escola. Respondeu-me que no dia seguinte não haveria aula porque era sábado. Perguntei-lhe como sabia que o dia seguinte era sábado. Ele coçou a cabeça e saiu andando. Minutos depois voltou e contou que sabia que o dia seguinte era sábado porque naquele dia havia escrito no caderno de SOLOGIA *(Sociologia). Ao fazer outras perguntas, percebi que ele marcava o tempo com base nas aulas que tinha e no material que utilizava.*

O exemplo nos mostra que a pessoa com deficiência mental percorre muitas vezes caminhos não formais para a construção do conhecimento. Essa espécie de calendário próprio que Luiz construiu evidencia que os signos sociais que nos cercam constroem conhecimentos algumas vezes desprezados em face das formalidades institucionais – livros servem para ser lidos; cadernos, para ser escritos; calendários, para registrar o tempo. Quase nunca nos damos conta de que existem outras percepções, principalmente no que se refere à pessoa com deficiência mental, que precisa superar suas limitações e construir caminhos alternativos para aprender. Ao construir seu plano didático e aplicá-lo aos alunos, o professor deve estar atento ao espaço que se cria entre o plano e a ação. Como se fosse o vazio entre a máscara e o rosto, esse espaço revela o movimento, a mudança que ocorre com os alunos.

Vamos a mais um caso:

Certa feita, uma criança cega aprendeu na escola que o ímã atrai o ferro. Depois disso, passou a fazer mágica para os colegas. Amarrou dois pedaços de ímã em dois anéis que usava, um em cada mão. Colocava agulhas ou outros objetos de metal na mesa e fazia de longe um movimento com as mãos, como se estivesse atraindo os objetos – que, devido ao ímã, movimentavam-se na direção dela. Todos ficaram muito impressionados com sua esperteza. A imaginação e o senso de humor se revelavam o tempo todo nas descobertas dessa criança. Sua professora passou a utilizar como texto de leitura alguns rótulos de embalagens também escritos em braile. Isso levou os pais da classe a optar por comprar esses produtos em detrimento dos que não oferecem essa possibilidade.

PENSANDO A QUESTÃO DA ESCRITA

Imersa em uma sociedade grafocêntrica, nossa prática escolar ainda está voltada para a leitura e a escrita. Geralmente os professores que têm alunos com deficiência se angustiam com o fato de muitos deles não saberem ler nem escrever. Isso porque a cultura escolar é totalmente voltada para o letramento no sentido do alfabetismo. Acredita-se que o aluno que não sabe ler ou que não pode ler de modo tradicional, como é o caso daqueles com deficiências visuais, não consegue desenvolver-se intelectualmente.

De fato, vivemos em um mundo em que quase toda a informação se apresenta pelo registro escrito. Contudo, é necessário perceber que, por determinados motivos, algumas pessoas não se alfabetizam. Nosso país ainda tem, vergonhosamente, muitos analfabetos (sem deficiência), que nem por isso deixam de viver. Eles simplesmente constroem formas alternativas de compreender o mundo escrito por meio de fatores extralinguísticos. Da mesma forma, a pessoa com deficiência intelectual que é privada da habilidade da leitura poderá construir "leituras" e "escritas", contanto que esteja contextualizada.

O seguinte relato é exemplar no que diz respeito à percepção da escrita pela pessoa com deficiência, não por seu valor linguístico, mas social:

Um de nossos alunos com paralisia cerebral e sequelas físicas e mentais bastante severas foi à sorveteria com a mãe. Mesmo sem falar, escolheu o sabor do picolé pela cor da embalagem. Sem dar muita atenção aos detalhes, a mãe pegou um sorvete muito parecido com o que ele costumava tomar, mas o menino recusou-o. Em outra ocasião, ele recusou vários picolés até que o irmão lhe perguntou se ele queria o que aparecia em um comercial de televisão. Ele sinalizou que sim. Esse mesmo aluno acertava questões de aritmética quando a professora trabalhava com jogos concretos, mostrando-lhe cores e formas geométricas.

A escrita é, antes de mais nada, um signo social cujas funções não se limitam à comunicação. Saber ler e escrever, ser letrado, conforme se quer hoje, é uma exigência da concepção de autonomia e de conquista individual e coletiva. Como pesquisadora dessa área, percebo que, em nome dessa conquista, cometem-se absurdos – como rotular crianças como disléxicas a torto e a direito, colocá-las para fazer exercícios de repetição que vêm do Oriente com promessas mirabolantes de êxito ou obrigá-las a repetir o ano escolar.

A escrita é uma tecnologia que deve que ser aprendida como outra habilidade qualquer; contudo, sua função social deve ser compreendida para que seja aprendida. As crianças de hoje, mesmo as bem pequenas, sabem para que servem a escrita e os suportes dela: uma criança de 2 anos, que ainda não decodifica a escrita, ao ver no chão do carro do pai um jornal que servia de tapete, pegou-o e colocou-o à frente do pai para que este lesse; um aluno da EV, mesmo sem poder ler por conta de sua deficiência mental, sabia todos os assuntos dos livros infantis que havia na biblioteca, pois levava-os para casa e pedia à mãe que os lesse para ele. Esse "ler com os olhos dos outros" é, a meu ver, uma forma legítima de partilhar da cultura letrada e, com base nela, construir novos conhecimentos.

Nesse caso, o professor deve tomar algumas medidas didáticas que promovam a interação da leitura, como sentar os alunos em duplas para que façam a leitura do texto. A leitura deve sempre ser feita em voz alta pelos alunos, cada um por vez.

No caso de crianças ainda em período de alfabetização, é interessante montar um caderno de anotações de leituras a ser feitas em casa e ali registradas. Coloque o livro a ser lido e o caderno de registros em uma bolsa e mande para casa a fim de que as crianças leiam e escrevam. Isso fará que a cultura letrada circule mais intensamente.

Com relação à escrita, mesmo os alunos que não dominam o código escrito devem fazer o registro pedido na tarefa. Essa escrita, embora nos casos de deficiência não seja alfabética, é um modo de expressão – que talvez se transforme em escrita alfabética concreta.

Os exemplos a seguir fazem parte de uma tarefa em que os alunos tinham de escrever a autobiografia. Os textos comporiam um livro que seria arquivado na biblioteca da escola. Ao elaborar essa tarefa, pensamos que a escola tem os históricos dos alunos, mas não tem suas histórias. Assim, o livro conteria a memória de um tempo da vida desses alunos, bem como o modo como se viam naquele momento.

O seguinte texto é de uma aluna do 7º ano do Ensino Fundamental com grau de aprendizagem considerado normal, portanto sem nenhuma deficiência física ou mental:

O texto a seguir é de um aluno com síndrome de Down e baixa visão. Seus registros eram sempre assim, o que nunca o impediu de realizar as tarefas, bem como de "traduzir" o que estava dizendo, embora com muita dificuldade por conta da afasia. A tradução do texto foi a seguinte:

> *Tenho 13 anos, moro com minha mãe e estudo na Escola Viva. Gosto de hip-hop e do Homem Aranha. Meu melhor*

amigo é o R. Nas férias, vou para a casa da Di, minha prima. A pessoa que eu mais gosto é a minha mãe.

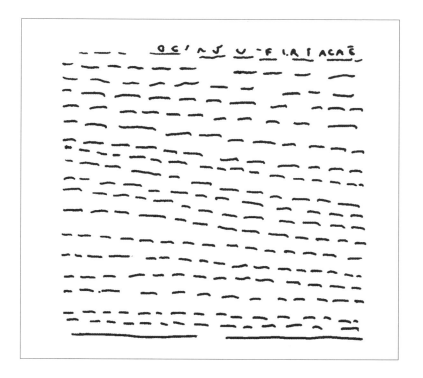

O próximo texto é de um aluno com deficiência motora e algumas sequelas mentais. Apesar de já ler fluentemente na época, ele ainda apresentava dificuldades com a escrita, o que não o impedia de escrever e expressar seus pensamentos. A tradução do seu texto foi:

Quando eu tinha 6 anos [marcado pelo traço] aconteceu uma mudança na minha vida. Aos 7, aprendi a escrever meu nome. Agora sou adolescente e acho que sou feio.

O texto a seguir foi escrito em duas páginas. Segundo a aluna, ela queria fazer como a colega ao lado, que também escreveu duas páginas. A dona do texto fez, sem nenhuma dificuldade, a "leitura" de seu texto. Contou histórias da casa, da escola, enfim, sentiu-se incluída.

Primeira página

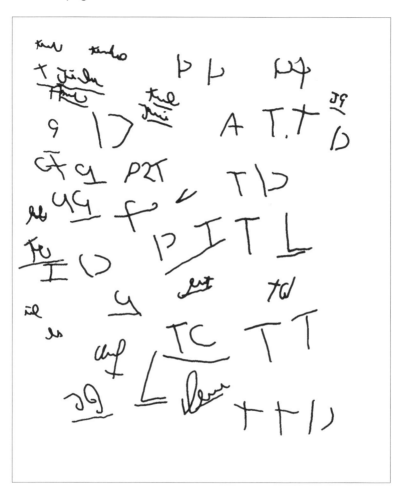

Segunda página

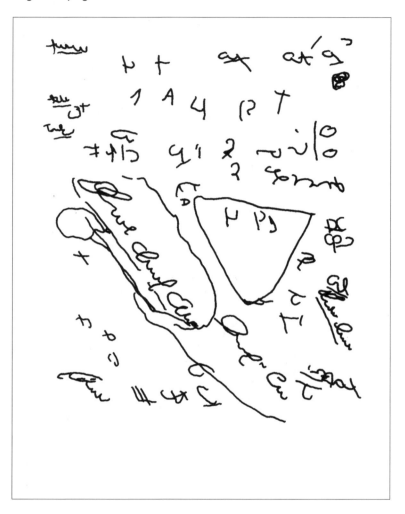

O próximo caso é revelador de uma trajetória escolar sem adaptações, mas marcada pela extrema atenção e competência da professora:

Luisa, com síndrome de Down, ingressou na EV com 7 anos, sendo matriculada no 1º ano do Ensino Fundamental. Sua mãe contou que ela cursou a Educação Infantil em uma escola onde estava bem adaptada. Contudo, ao terminar essa etapa, a direção pediu que ela fosse transferida, pois daquele momento em diante precisaria de uma escola especial, já que ali não existia "preparação" por parte da equipe para orientar seu desenvolvimento.

Na primeira semana, a mãe de Luisa – apresentando visível insegurança – entrava com ela na sala de aula e lá permanecia por um bom tempo. Na segunda semana, pedimos que deixasse a menina na sala e fosse embora de imediato. Passado algum tempo, a mãe contou que Luisa não queria mais que ela entrasse na escola, devendo deixá-la no portão – como faziam todos os pais.

Luisa adaptou-se sem problemas, a não ser por episódios em que "fugiu da sala". Sempre que isso ocorria, a professora ia buscá-la e, muitas vezes, precisava ser enérgica para que obedecesse. Ao final do ano, Luisa já escrevia e lia, ainda que com um pouco de dificuldade. Às vezes, se recusava a fazer as tarefas escolares, dizendo estar cansada.

Em determinado momento, a professora comentou, na reunião pedagógica, que Luisa já dominava a escrita, mas não elaborava frases, textos com coesão e coerência. Limitava-se a escrever palavras soltas. Ela encasquetou que queria ir à escola de perua, o que não era permitido pela família. Mesmo assim, certo dia, entrou na fila da perua e disse que sua mãe havia permitido. A professora explicou-lhe que, para utilizar esse transporte, a mãe deveria escrever a autorização na caderneta. Mesmo contrariada, Luisa saiu da fila e voltou para a sala. No dia seguinte, ao chegar, mostrou à professora um bilhete escrito por ela mesma, autorizando o uso do transporte:

> Ti Fe [apelido da professora Fernanda]
> A Luisa vai oge na prua da scola.

A professora conteve o riso, mas repreendeu-a por ter ela própria escrito o texto. Por outro lado, observou que Luisa havia utilizado a escrita de modo funcional, como ainda não fizera antes. Mesmo compreendendo que sua dinâmica mental era diferente, a professora a incentivava a terminar seu trabalho. Luisa cursou até o 5º ano do Ensino Fundamental.

As pessoas com síndrome de Down não são idênticas. No caso em questão, a criança era saudável. Sua fala desenvolvia-se perfeitamente, seus sentidos não apresentavam qualquer deficiência. Desse modo, seu desenvolvimento físico, social e cognitivo era mais rápido do que nos casos em que a criança apresenta afasia.

Quanto à adaptação, é comum que os pais das crianças com deficiência sejam superprotetores. Porém, é necessário que a escola os auxilie a compreender que esses alunos serão protegidos como outra criança qualquer, além de serem supridas suas necessidades especiais. No caso de Luisa, por exemplo, a professora estava sempre atenta às suas "escapadas" da sala de aula. Assim como compreendia que sua aprendizagem se dava em um tempo e de uma maneira bastante peculiar. Todavia, não diferenciava suas atividades escolares.

Eram-lhes apresentadas as mesmas tarefas, ainda que ela não as executasse com a mesma eficiência dos colegas.

Outra questão importante foi a confiança da professora no desenvolvimento de Luisa. Logo no começo, percebeu que ela poderia alfabetizar-se, embora sem tempo estipulado. Isso ocorreu em face do diagnóstico de escrita que era feito semanalmente com todos. Luisa rapidamente aprendeu as letras e a correspondência som/letra. Por outro lado, a professora ainda não estava segura de sua capacidade de utilizar a escrita de modo funcional até que se sucedeu o episódio do transporte. Esse fato evidencia que nem sempre as propostas didáticas aplicadas na sala de aula produzem o efeito necessário para uma resposta imediata dos alunos. É necessário ressaltar que a questão não é relativa somente à pessoa com deficiência. Crianças sem deficiência podem ter esse mesmo comportamento, ou seja, o de não apresentar resultados imediatos aos conteúdos escolares.

O que se pode inferir do processo de inclusão de Luisa é que a escola estava de fato preparada para lidar com a diferença.

O caso a seguir me foi narrado pela tia de uma criança que, ao ouvir minha palestra em um seminário de educação, sentiu-se, ainda que muito emocionada, motivada a relatar a história de seu sobrinho:

Segundo ela, o menino de 6 anos com deficiência mental leve foi matriculado em uma escola do bairro em que morava. Sua adaptação ocorreu normalmente. A escola, apesar de declarar que não estava preparada, desenvolveu com ele um bom trabalho, já que não diferenciava suas atividades e todos respeitavam seu tempo e seus modos de aprendizagem. Ao final do ano, a mãe do menino mostrou-se angustiada pelo fato de ele não estar lendo e escrevendo como os coleguinhas. Ao consultar uma psicóloga, foi aconselhada a buscar atendimento em uma escola especializada. A mudança foi trágica. O menino foi colocado em uma espécie de maratona de escrita: cópias e mais cópias de letras, sílabas e palavras para que pudesse aprender. Passou horas fazendo exercícios repetitivos, sem que houvesse resultados. Dessa época em diante, o menino passou a regredir. Mostrava-se apático e triste. Sua saúde tornou-se frágil e, dois anos depois, ele faleceu em virtude de grave pneumonia. Segundo a tia, ele poderia ter sido mais feliz se não tivesse sofrido tanta pressão.

De fato, essa pode não ter sido a razão da morte do menino, mas para a tia ficou a impressão de que algo a mais (ou a menos) poderia ter sido feito. Na contramão desse caso, relato a seguir a história de alfabetização de Rafael, um menino com deficiência leve e todos os sentidos preservados:

Matriculado com 9 anos em nossa escola, Rafael adaptou-se facilmente, pois era amável, tranquilo e apresentava bom equilíbrio emocional. Embora não tivesse problemas de fala, seu histórico de exclusão causou-lhe dificuldade de pronunciar as palavras e as frases. No 5º ano do Ensino Fundamental, Rafael frequentava as aulas e participava ativamente das atividades, mas se negava a tentar a escrita. Na hora da produção de textos, ele dava sempre um jeitinho de escapar. Também se negava a frequentar o reforço de escrita que ocorria fora do horário regular. Até que se apaixonou pela ideia de trabalhar com o pai levando flores para o mercado no caminhão. Aproveitamos sua motivação para incentivá-lo a aprender a ler e escrever. De fato, ele passou a ter interesse pela escrita, embora de forma alternativa. Na hora da saída, enquanto esperava pelo pai no portão da escola, ia escrevendo os nomes dos carros que passavam na rua, assim como seus acessórios. Elegeu como sua alfabetizadora a servente da escola que controlava a saída das crianças. Sentado no chão com o caderno no colo, Rafael iniciou seu processo de aquisição da escrita e da leitura. É preciso lembrar que isso ocorreu quando ele já estava no 8º ano, com 13 anos de idade. O processo foi bem-sucedido, e ao cabo de alguns meses o menino estava alfabetizado.

A INTERAÇÃO

É sabido que algumas crianças com deficiência chegam à escola apresentando dificuldades de interação com o grupo. Recusam-se a sentar-se, a fazer as atividades propostas e passam a maior parte do tempo com atitudes que desequilibram o grupo. Nessa situação, precisamos lembrar que o conteúdo escolar deve muitas vezes ser menos importante que o aprendizado de vida. O professor que não tiver essa concepção em mente poderá de fato ter dificuldade de lidar com a questão. Para essa criança que chega em franco desequilíbrio, é necessário um programa de adaptação. Isso quer dizer que nossa prática deve mudar em vários aspectos, inclusive em relação ao tempo. Quanto tempo é necessário para que uma criança se adapte ao ambiente escolar? Provavelmente a resposta não servirá em casos de desequilíbrio mental. Quero dizer com isso que a "tolerância" do professor precisa se ampliar, e durante esse tempo ele deve, por meios da observação, formular estratégias de trabalho.

O caso a seguir é de uma criança com deficiência mental média, muito ativa, com todos os sentidos preservados, sem prejuízos na fala:

Sua entrada na sala, em face de seu comportamento agitado, trouxe mudanças e bastante desequilíbrio ao grupo. Ela atrapalhava os colegas o tempo todo, estragando os materiais e danificando as tarefas. Após alguns dias de batalha, a professora – e, por incrível que pareça, também as crianças – observou que sua atitude se devia menos à deficiência do que à falta de limites. Uma "investigação" da professora levou-a a saber que em casa era comum que a menina apanhasse quando se portava mal. Sem esse recurso, é claro, a professora e os colegas passaram a pôr em prática um plano de interação que compreendia ter, ao longo do período de aula, conversas "sérias" com ela a respeito de seu comportamento. No final da aula, fazia-se uma roda para avaliar como ela havia se comportado e o que poderia mudar. Com o tempo, seu comportamento foi-se estabilizando, mas ainda restavam muitas questões, como a dos papéis. Primeiramente ela os rasgava. Depois, toda e qualquer atividade que fosse feita com folha de papel era dobrada em forma de canudo. No final da aula, ela levava muitos canudos para casa. A saída para demovê-la da ideia dos papéis foi fazer deles o material de atividades. Assim, todos da sala dobraram seus papéis e os usaram para fazer numerais, letras etc.

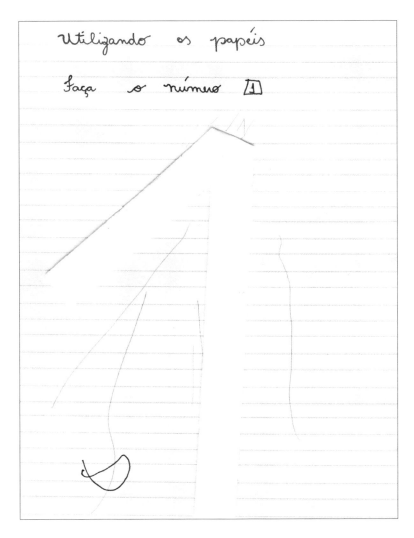

Vejamos a produção da aluna (também na página 86):

Ainda utilizando papéis, mas já adaptada à rotina da escola e de sua classe, a criança passou a interessar-se por outras atividades – e, como se nota, já com certa coerência e habilidade:

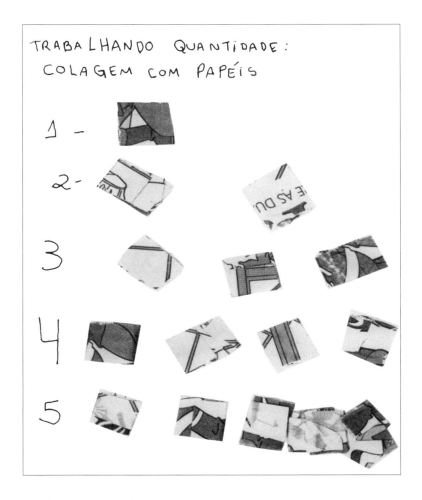

Com o passar do tempo, os papéis não eram mais necessários: a criança desenha a árvore e indica pelas setas (nos espaços em branco) os nomes das pessoas de sua família. Abaixo, responde às perguntas com sua escrita pré-silábica[8].

---

8. A escrita pré-silábica, segundo Ferreiro e Teberosky (1986), é o estágio em que a criança já diferencia a escrita de outras formas, contudo ainda não domina o código linguístico.

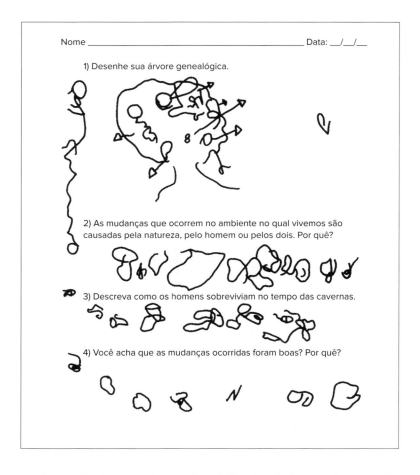

A seguir, abordarei questões delicadas de interação, que vão desde as crianças com hiperatividade até os casos de passividade extrema como, a princípio, pode parecer o seguinte caso:

Mariana chegou à escola com 5 anos e foi matriculada no Jardim II. Como ela havia nascido prematuramente, com apenas 24 semanas de gestação, tinha grave deficiência física. Precisava ficar deitada em uma cadeira apropriada, inclusive com suporte para a cabeça, que não se mantinha ereta. Não apresentava qualquer movimento nos membros inferiores ou superiores. Não falava e tinha dificuldade de ingerir alimentos, o que a obrigava a tomar mamadeira. Estando incluída com crianças de sua idade e participando, ainda que passivamente, das atividades escolares, com três meses passou a apresentar reações, principalmente nas aulas de musicalização. Iniciou movimentos com as mãos, tentando balançá-las ao ritmo da música, como faziam as outras crianças. Passou também a alimentar-se melhor e a dormir melhor, segundo a mãe. Durante todo aquele ano, Mariana apresentou avanços significativos, a ponto de começar a balbuciar algumas palavras.

Para todos nós e para a família ficou claro que a convivência de Mariana no meio escolar permitiu-lhe aprender com outras crianças. Suas tentativas de imitar movimentos e outras atitudes dos colegas, como riso, choro etc. a cada dia ampliavam seu desenvolvimento.

Mesmo antes do processo de inclusão de crianças com deficiência, a escola sempre lidou com questões comportamentais. Qualquer criança que saia dos padrões rígidos (e muitas vezes absurdos) que a escola impõe é no mínimo taxada por um rótulo qualquer – hiperativa, sem limites, agressiva – ou, às vezes, como foi o caso de André (personagem do relatório apresentado no Capítulo 4), convidada a se retirar da escola.

Quando se trata da escola pública, que por força de lei não pode pôr um aluno para fora, a convivência torna-se uma verdadeira guerra. É comum ouvir professores dizendo-se aliviados porque "fulano não veio à aula hoje". A questão é a inflexibilidade e o desconhecimento das teorias de desenvolvimento mais modernas, que apontam para uma pedagogia da subjetividade, relativa a um sujeito, mas também a um grupo. Em seus estudos sobre a formação da psique infantil, Bettelheim (2007) assevera que é comum tratarmos as crianças como se fossem adultos. Decerto essa não deveria ser a postura do profissional da educação. Todavia, sabemos que os cursos de formação de professores, sobretudo em instituições privadas que visam exclusivamente ao lucro, não fazem seu papel de formar educadores.

Retomando o relato da interação de André, é importante ressaltar que a história de vida da criança, embora não seja totalmente determinante em seu comportamento, dá pistas para compreendermos suas ações. Nesse caso, André nasceu após a morte do irmão de apenas 4 anos. Em seguida os pais, na época ainda muito jovens, separaram-se de maneira conflituosa. Independentemente dessas questões, André era de fato uma criança agitada e ansiosa.

Em seu primeiro dia na escola, passou o tempo todo em pé, mexendo nos objetos comuns e individuais das crianças. Ao primeiro sinal de resistência de um colega, chutou a mesa e rasgou as folhas de papel que estavam sobre ela. A professora interveio, perguntando-lhe o que havia acontecido. Sua atitude foi cair em prantos e negar-se a responder. A professora então pediu a ele que conversasse com o colega, e que não agisse com violência. Ele disse saber que não ia ficar naquela escola, como não havia ficado nas outras. No dia seguinte, antes do começo das tarefas, a professora fez uma roda e propôs que todos conversassem com o André e discutissem como seriam as regras de convivência. Ele disse que não sabia o queria dizer a palavra "regra". Uma criança explicou que era uma combinação que se fazia.

A professora encerrou a reunião e pediu que todos escrevessem como se sentiam naquele momento. Novamente, André desabou a chorar. A professora acolheu-o junto a si, disse-lhe que ele era muito bem-vindo naquela escola e que podia contar com ela para ser sua amiga. Aos poucos, André foi se adaptando ao grupo e, nas conversas coletivas, dizia que gostava da escola porque podia ficar em pé na sala. Dizia, também, que havia bastante tempo para brincar e que a professora gostava de seus trabalhos. Ele descobriu que podia resolver problemas de Matemática do jeito que achasse melhor. Gostou muito de elaborar os próprios cadernos e individualizar as capas com as figuras que quisesse. Sem apresentar qualquer dificuldade cognitiva, André passou a fazer as tarefas e a auxiliar os colegas na lição.

Diferentemente de quando chegou a nossa escola, André – que se mudou para outra cidade para morar com o pai – saiu deixando conosco as melhores lembranças de uma criança doce, carinhosa e comprometida com seu desenvolvimento.

A DEFICIÊNCIA MÚLTIPLA

A pessoa com deficiência múltipla é acometida por mais de um comprometimento físico ou mental, do que decorrem mais dificuldades em seu desenvolvimento. Contudo, seu processo de inclusão escolar deve seguir os mesmos passos do das pessoas com deficiência leve ou única. O caso a seguir é especialmente exemplar desse tipo de desafio, que demanda conhecimento e segurança no trabalho que se desenvolve:

> Bianca, com deficiência múltipla, visual e mental, chegou à EV com 5 anos de idade. Muito bem assistida pela família, foi se desenvolvendo lentamente. Devido à deficiência mental, sua comunicação verbal era precária, não em virtude de problemas de dicção, mas da dificuldade de concatenar ideias. Ainda assim, ninguém era tão participativo das aulas de música como ela. Seus passos eram lentos, mas avançavam. Contudo, principalmente antes de a inclusão virar "moda", fomos violentamente criticados e combatidos pelo instituto em que Bianca recebia assistência especial (fato narrado no Capítulo 4). Também não era raro que alguém desavisado perguntasse o que uma criança cega e com deficiência mental fazia em uma escola regular. Nada disso abalava nossa crença na inclusão de Bianca. Todavia, ao chegar ao 5º ano, tivemos um impasse: a família pensou que seria muito difícil para ela continuar com aquela classe, agora sem a professora polivalente[9] para auxiliá-la em sua movimentação e em outras necessidades. Além disso, especialmente naquele momento, Bianca passou a apresentar um comportamento extremamente agitado, tendo muitas vezes de ser levada para casa. Sugeri à família que buscasse ajuda médica. Assim o fizeram e, de fato, Bianca estava

---

9. Professora polivalente é aquela que ministra todas as disciplinas, do 1º ao 5º ano do Ensino Fundamental.

entrando na puberdade e precisava de controle medicamentoso. Contra a minha vontade, Bianca repetiu o 5º ano. No ano seguinte, fui mais incisiva. Alertei a família para o fato de que seus avanços se deviam à interação com as mudanças que se processavam à sua volta, como a maturidade de seus colegas. Depois de muita conversa, chegamos a um acordo: ela frequentaria o 6º ano, contudo a família contrataria uma cuidadora para acompanhá-la. Desse modo, Bianca prosseguiu sua trajetória escolar.

O que de mais importante se pôde inferir do caso de Bianca foi a certeza de que somente incluída ela poderia desenvolver-se e ser mais feliz. Sua história é exemplar para qualquer um que tenha dúvidas quanto à prática inclusiva. Durante todos os anos em que esteve conosco, construiu para ela e para nós uma história de verdadeira inclusão. Isso ficou claro quando comecei a escrever este livro e pensei que aquela criança que chegou a nossa escola com 5 anos, ainda no colo da mãe, saiu aos 16, voltando para casa a pé e conversando, lá do seu jeito, com sua cuidadora.

A ORIENTAÇÃO SEXUAL
Como vimos, eu tive alguma resistência em discutir a orientação sexual neste livro. O motivo é simples: ser homossexual não significa ter algum tipo de deficiência, tampouco ser diferente – como alguns querem que seja. Contudo, o preconceito ainda existe com tanta força que devemos aproveitar os espaços públicos, como é o caso de um livro, para discutir o assunto.

Apesar de não se falar no assunto, a homossexualidade na escola, claro, é fato. Como fica a relação entre a escola, a família, os colegas, os pais dos colegas etc. quando "estoura uma bomba", ou seja, quando alguém é identificado ou se identifica como homossexual? Usei a metáfora da bomba porque é assim que as coisas acontecem. O aluno ou a aluna personagem da situação torna-se "o estranho do ninho". Essa atitude apenas reflete o que está posto na sociedade: a homofobia. Os casos que presenciei ao longo de minha trajetória como professora e diretora de escola aconteceram mais ou menos da mesma forma.

Em uma ocasião, um aluno do Ensino Fundamental, com 14 anos, fez uma "gracinha" na sala e a professora, irritada, gritou: "Você é uma bicha abusada!" Os outros alunos caíram na risada. A reação em massa foi apenas mais uma das manifestações que já vinham ocorrendo em relação a esse aluno, tendo em vista seu comportamento efeminado. O aluno relatou o ocorrido à mãe, que procurou a direção da escola. A diretora justificou a atitude da professora como apenas "um desabafo" em virtude do comportamento do aluno, que frequentemente a desafiava. Inconformada, a mãe procurou a Diretoria de Ensino do estado, que instaurou uma sindicância. No fim das contas, a professora não sofreu nenhuma sanção por seu ato e continua dando aulas na mesma escola. A mãe não quis continuar com o processo na Justiça comum para não expor o filho.

Pessoalmente, vivenciei outra realidade na EV. Quando um aluno revelou aos colegas que se sentia atraído por meninos, não teve de passar por nenhum constrangimento, em virtude do respeito que o grupo estava acostumado a demonstrar por todas as pessoas.

A escola é um recorte da sociedade, todavia com regras próprias. Desse modo, sua dinâmica social é específica e merece, em todas as esferas, ser analisada. Tendo em vista que nas sociedades civilizadas quase todos os indivíduos passam pelo processo de escolarização, é inevitável que carreguemos ao longo da vida alguns de(re)calques cunhados por essa vivência.

Até no que diz respeito ao preconceito e à discriminação as regras da escola são específicas. Há reações distintas quando se trata de gordos, magros, negros, pobres etc. Mas quando é a homossexualidade que está em questão, como em todos os lugares, só há um sentimento: a raiva. Daí surgirem comportamentos como a ironia, o desprezo, as ofensas etc.

A homofobia se revela em uma espécie de culpabilidade do homossexual. Mesmo quando se diz "eu respeito a opção dele ou dela", há uma intrínseca intenção de dizer que ele ou ela poderia não ser homossexual. A verdade é que não há respeito, apenas tolerância – é "necessário" conviver com o homossexual por força das circunstâncias.

Em nossa escola, a inclusão é a base de todo o trabalho social e pedagógico. Convivemos diuturnamente com diferenças e as consideramos aspecto fundamental de nossas condutas. A homossexualidade não pode ser tratada como um tabu ou algo a ser combatido. Entendo inclusive que o trabalho é preventivo: não havemos de esperar que ocorra algum caso para então tentar "apagar o incêndio". Quando nos referimos à diversidade, devemos nos referir também à diversidade de gênero.

Há que se considerar que a faixa etária com a qual lidamos, de 1 ano a 15 anos, é fundamental para a construção dos valores. É nessa fase que o combate ao preconceito deve começar. Concretamente, já enfrentamos alguns casos em que agimos dessa forma. Quando alguém tem comportamento aparentemente distinto dos cânones homem/mulher e verificamos algum tipo de manifestação adversa a isso, reunimos o grupo e generalizadamente debatemos o problema.

A escola inclusiva deve sempre conversar abertamente com o grupo. Nesse caso, significaria dizer: qual é o problema? O que torna diferente uma pessoa que gosta de outra do mesmo sexo? Ela pode ser feliz? Pode trabalhar? Estudar? Ser uma boa amiga? Então, por que deve ser ridicularizada? Dessa forma, há uma espécie de metacognição para identificar o que de fato nos faz ter uma atitude preconceituosa. As crianças devem, desde cedo, fazer esse exercício de reflexão pessoal e coletiva sobre o comportamento homossexual. O professor deve ser claro na abordagem da questão.

O problema é quando o professor também é preconceituoso. Nesse caso, outras instâncias escolares devem intervir para que se resolva a questão. Ouço muito a seguinte pergunta: "O que fazer quando percebo que um aluno 'tem tendência à homossexualidade'?" Respondo: NADA. "Não devo chamar a família?" Não, apenas fique atento ao que pode estar ocorrendo com ele em relação a seu grupo.

Cheguei, como coordenadora pedagógica em outra escola, a impedir que uma professora chamasse a mãe de um aluno da Educação Infantil para contar que seu filho tinha preferência pela cor rosa e que gostava de brincar só com as meninas. Além disso, nessa idade, caracterizar a criança como isso ou aquilo é absoluta precipitação, tendo em vista que ela está em franco desenvolvimento e em processo de mudança.

Outra questão séria sobre a qual a escola precisa refletir diz respeito às consequências familiares da "descoberta" da homossexualidade pelos jovens. Segundo Jaime Camargo – ex-editor da revista *G Magazine*, em uma palestra no Museu da Língua Portuguesa –, a criança gorda, negra ou pobre, quando é ridicularizada na escola, encontra em casa seus iguais, que vão acolhê-la e muitas vezes tomar providências para que isso não se repita. Mas e o homossexual? Qualquer adolescente pode chegar em casa e dizer aos pais que é homossexual e ser compreendido, amado e protegido?

7 ¦ A AVALIAÇÃO

A AVALIAÇÃO É UM DOS ASSUNTOS mais discutidos no âmbito da escola. Eu precisaria de mais uns dez livros para contar tudo que já vi e ouvi sobre esse instrumento escolar. Costumo dizer que a preocupação em avaliar é, às vezes, maior do que a de ensinar. Contudo, ainda não há consenso sobre essa prática que tanto preocupa educadores e alunos. Não seria melhor pensar que uma relação bem estabelecida entre ensino e aprendizagem sempre implicará bons resultados?

Existem tratados, teses e uma infinidade de conceitos sobre a avaliação. Mas no fim das contas, mesmo nos cursos de Pedagogia, o que se aplica é a velha e boa prova. Nesse item, sou extremamente criticada por meus colegas, já que não concordo em adotá-la. Faço algumas combinações com meus alunos, entre elas a de que frequentem as aulas. Mesmo assim, acontecem casos de alunos faltosos que, dependendo da disciplina, podem ser sem dúvida aprovados. Se isso na esfera universitária ainda é um problema, que dirá na escola básica.

Retomando aqui a ideia de uma sociedade de resultados, não há como não excluir os que não "resultam" em nada. No Brasil, a Educação Infantil já deve preparar a criança para a alfabetização. Para a classe menos favorecida, o Ensino Fundamental é um requisito para arranjar emprego. Para classe média e alta, é a preparação para o vestibular. O Ensino Médio, por sua natural vocação propedêutica, é uma baia de onde se parte desesperadamente para entrar no curso superior.

E aqueles que, por uma limitação involuntária qualquer, não entram nessa competição? Como serão encaixados nos inúmeros formulários que se preenchem em secretarias de educação? Que nota colocar no boletim da Bianca?

Garanto que essa é uma questão que se pode resolver facilmente, não só do ponto de vista administrativo como também pedagógico. É o que mostrarei mais adiante por meio de sugestões e relatos de casos.

Vejamos, agora, quando a avaliação é instrumento de inclusão ou quando, baseada na pedagogia de resultados, exclui.

- Quando um professor diz que "fulano é o melhor aluno da sala", conclui-se que há outros não tão bons. Ou seja, a ideia de melhor e pior é uma forma de avaliação excludente.
- Outra frase clássica é: "Ele não aprende porque a família não ajuda". Nesse caso, além de transferir a tarefa de ensinar para a família, o professor considera os fatores emocionais os únicos determinantes na aprendizagem.

- Ouvimos frequentemente o professor dizer que o aluno "tem dificuldades de aprendizagem". Em que bases podemos diagnosticar e avaliar o grau de aprendizagem de uma criança? Nesse caso, a avaliação não leva em conta a subjetividade do aluno. Parte-se da ideia de que todos têm de aprender a mesma coisa ao mesmo tempo.

A exclusão na avaliação é também observada nos tipos de instrumento utilizados – que, muitas vezes, não atendem às etapas do desenvolvimento ou às competências dos alunos. Refiro-me aqui, por exemplo, aos professores (ou escolas) que aplicam provas a alunos de 1º, 2º, 3º ou 4º ano, quando o desenvolvimento cognitivo ainda precisa ser livre, lúdico, prazeroso, sem pressão emocional. Quando submetida a uma situação de cobrança somente pela cobrança, a criança consegue não reagir da forma que se espera. Nesse caso, alguns são excluídos e, ademais, incorporam a ideia de que não são capazes.

A relação entre o avaliador e o avaliado, principalmente quando o segundo é uma criança, exige muitos cuidados. O relato a seguir foi feito por uma professora do sertão nordestino que participa de um programa especial de ensino. Essa prática vem ocorrendo em alguns municípios que fazem acordos com institutos que instalam pacotes de ensino, com os quais os professores têm de trabalhar. É obrigatória a utilização do material e da metodologia. Periodicamente uma supervisora do instituto avalia os alunos.

Gabriela era uma criança tímida, com extrema dificuldade de comunicação. Sua aparência maltratada demonstrava que ela era muito pobre e malcuidada. Sem histórico de escolaridade anterior, estava ali, no 1º ano, sem conseguir pegar no lápis. A professora pediu permissão à família para ficar com ela um tempo depois da aula e assim tentar alguma alternativa de ensino que pudesse proporcionar-lhe algum avanço. Então trouxe para Gabriela um conjunto de letras (alfabeto móvel), para montar palavras. A professora, aos poucos percebeu que Gabriela já começava a identificar o valor sonoro das letras e conseguia montar palavras. Rapidamente, a menina passou a ler e a escrever muitas coisas com as letras móveis. Contudo, se negava a ler na lousa, nos livros etc. Escrever, menos ainda. Chegou então o dia da avaliação. A supervisora começou a arguição. As palavras a serem lidas estavam em um cartaz especialmente vindo da sede do instituto, em São Paulo. Ao chegar a vez de Gabriela ler as palavras, não houve acordo. Ela olhava para o cartaz e abaixava a cabeça. Depois de muita insistência, Gabriela desatou a chorar. A supervisora marcou no quadradinho: NÃO LÊ. No dia seguinte, a professora perguntou a Gabriela por que não leu as palavras e ela respondeu que não sabia ler no papel daquela mulher.

A professora considerou que Gabriela, apesar de já saber ler, ainda não estava preparada para expor esse conhecimento. A criança, sobretudo aquela em fase de construção do eu e dos outros, necessita de tempo e de interações diversas para expor seu conhecimento.

A avaliação inclusiva é aquela que – como se sabe e nem sempre se aplica – considera o processo geral em que estão inseridos avaliados e avaliadores. Considera também que o momento de avaliar não pode ter dia e hora para acontecer. Ao contrário, precisa ser contínuo para professores e alunos. Uma avaliação inclusiva deve valer-se de critérios múltiplos, bem como considerar a subjetividade. Não deve ser punitiva, mas sim corretiva, criando subsídios para as devidas intervenções na aprendizagem dos alunos e no trabalho do professor.

Desse modo, a pergunta que se faz é: **que caminhos devemos buscar para a realização da aprendizagem?** A resposta está na competência do professor que estuda, troca experiências e dedica-se à arte do desenvolvimento humano, em relação a si mesmo e a seus alunos.

Vejamos agora a questão mais aflitiva: **como avaliar a criança com deficiência?**

Em minhas andanças pedagógicas pelo país, divulgando a inclusão escolar, as perguntas que mais ouço são:

- Como avaliar o aluno com deficência?
- Como preencher aquelas fichas que mandam para nós?
- Que nota dou para ele, se, muitas vezes, não produz como os colegas?
- É justo dar nota igual para ele, sendo que não avança como os outros?
- Devo aprová-lo mesmo que ele não tenha acompanhado a classe?

Ora, por que tanta preocupação em avaliar antes mesmo de aprender a incluir? Tenho a impressão de que o trabalho pedagógico é como um rio que corre para o mar: sempre desemboca no mesmo lugar. A questão é sempre a finalidade e não o trabalho que media as relações de ensino e aprendizagem.

Como resolver essa angústia dos professores?

Primeiramente, a avaliação ainda é um problema para a escola – tenha ela alunos com deficiência ou não. Quando um aluno escreve um texto coerente, mas comete erros de grafia, como o professor avalia essa questão? Dá uma nota baixa para ele ou dirige suas aulas para o conhecimento das regras ortográficas? Ou pede que reescreva o trabalho usando o dicionário?

Já nos cansamos de ouvir dizer que avaliar é parar para ver o todo, ou seja, não só o aluno, mas nós, professores, também. Contudo, continuamos a avaliar só para castigar o aluno que não faz nada, não sabe nada etc.

Embora essa não fosse a nossa maior preocupação, adotamos a seguinte proposta de avaliação na EV:

ETAPA 1

Na primeira etapa, elaboramos uma pesquisa para saber, na opinião do grupo, o que seria um professor (avaliador) nota 10. Concluiu-se que ele:

- É assíduo.
- É criativo.
- Busca o conhecimento.
- Não tem medo do novo.
- Brinca com seus alunos.

- É sensível e observador.
- Passa por crises, mas aceita a ajuda do grupo.
- Reivindica seus direitos, mas respeita as regras e os outros.
- Gosta de ser professor.

ETAPA 2

Na segunda etapa, elaboramos uma lista do que faria um aluno ser nota 10. Coincidentemente, chegamos à conclusão de que os atributos eram os mesmos dos professores, mas pensamos que, como o aluno está em fase de formação, quem o faz ser nota 10 é a escola. Assim:

- Para que venha à escola todos os dias, o aluno tem de se sentir atraído e acolhido.
- Para que seja criativo, necessita ser incentivado por meio de atividades interessantes.
- Para que busque o conhecimento, é preciso que isso faça sentido para ele.
- Para que não tema o novo, precisa ser constantemente desafiado pelos conteúdos escolares.
- Para que brinque e entenda o prazer de viver em grupo, é preciso que participe de jogos, atividades lúdicas etc.
- Para que seja sensível e observador, é necessário que seja acolhido sem discriminação.
- Para que supere suas crises, é preciso que elas sejam compreendidas e bem conduzidas.
- Para que reivindique seus direitos, deve ser ouvido e observado sem julgamentos prévios – e como sujeito ativo.

- Para que goste de estudar, é necessário que a escola faça seu verdadeiro papel de ensinar.

Além dessas posturas filosóficas e práticas, é preciso que se organizem critérios de avaliação que não sejam tão rígidos a ponto de ultrapassar a subjetividade, nem tão soltos que não se possa usá-los como base. O regimento da escola deve trazer claramente os critérios utilizados e as situações às quais se aplicam.

Um caso exemplar aconteceu na EV: em uma atitude extrema resolvemos reprovar um aluno que durante todo o 9º ano, acobertado pela família, faltou às aulas sem motivos justificáveis e mostrou-se totalmente alheio e irresponsável em relação às tarefas escolares, entre outras atitudes. A família voltou-se contra a escola, inclusive recorrendo ao órgão gestor da educação. Nossa decisão foi mantida e legalmente estávamos protegidos pelo regimento, que previa essa possibilidade mediante a comprovação dos fatos.

Com relação ao aluno com deficiência, os critérios são os mesmos, mas devem atender a algumas situações especiais, conforme prevê a Lei de Diretrizes e Bases (LDB):

> A avaliação dos alunos com necessidades especiais **deve variar**[10] segundo suas características e a modalidade de atendimento escolar oferecida, respeitadas as especialidades de cada caso, no que tange às necessidades de recursos e

---
10. Grifo meu.

equipamentos especializados para a avaliação do desempenho. Os deficientes físicos, visuais e auditivos integrados nas classes comuns estarão sujeitos aos mesmos critérios de avaliação adotados para os demais alunos, mas com utilização de formas alternativas de comunicação para cegos e surdos e adaptação de materiais didáticos e espaço físico para os deficientes físicos. A estrutura frasal dos deficientes auditivos não deve interferir na avaliação do conteúdo de suas mensagens escritas, bem como a grafia das palavras para os que possuem visão subnormal. Os portadores de deficiência mental e os alunos que apresentarem condutas típicas serão avaliados em função de seus níveis de desenvolvimento geral e pessoal, considerados os conteúdos curriculares mínimos e os níveis de competência social por eles alcançados. (Conselho Estadual de Educação de São Paulo, Deliberação n. 5/00)

Os termos grifados indicam que as deficiências evidenciam diferentes comportamentos e, por isso, é necessário que observemos cada um deles.

Por exemplo, uma criança que não escreve em função de uma deficiência mental poderá expressar-se por meio de desenhos ou mesmo da fala.

Diego aprendeu a ler no 8º ano. Antes disso, fazia os trabalhos escolares com sua escrita pré-silábica ou por meio de desenhos. Nas aulas de Matemática, escrevia numerais de forma aleatória e procurava reproduzir os gráficos que a professora desenhava na lousa. Dessa forma, foi desenvolvendo o conhecimento das formas, dos valores quantitativos dos números e a noção de espacialidade. Quando aprendeu a ler, ainda precisava de um tempo diferente para compreender o texto lido. Desenvolveu-se socialmente, ampliou sua autonomia em relação à vida, amadureceu em todos os sentidos.

Já Pedro não aprendeu a ler por ter deficiência múltipla, afasia, síndrome de Down e baixa visão. Contudo, seus desenhos estão cada vez mais detalhados, desenvolveu a fala, pratica esportes, desempenha com habilidade as atividades cotidianas, organiza seus pertences, faz a própria higiene e também a do ambiente, prepara seus alimentos identificando rótulos de produtos, reconhece as quantidades e suas respectivas representações (números) – inclusive no manejo com dinheiro.

Isso nos mostra que os dois meninos tiveram desenvolvimentos diferentes e desse modo também foram avaliados de formas diferentes. Isto é, pelos diferentes avanços que apresentaram.

O RELATÓRIO

Nesse caso, a avaliação poderá ser feita por meio de um relatório, como o modelo a seguir:

> Nome:
>
> Classe:
>
> Fulano, durante o bimestre, permaneceu mais tempo na sala com o grupo. Algumas atividades o interessaram. Quando fizemos o ditado mudo, ele observou atentamente os movimentos da boca dos colegas que ditavam o texto. Utilizou o papel, sem rasgá-lo,

> *para desenhar, ainda que sem formas definidas. Identificou as cores preta, azul e amarela...*
> *E assim por diante.*

Faça também uma observação sobre a deficiência do aluno. Assine o relatório, tire uma cópia e entregue à direção da escola. Ao final do ano, compare e avalie os avanços constatados.

A nota não é obrigatória, e por isso pode ser dispensada da avaliação. Todavia, para que seu aluno com deficiência não se sinta excluído, faça para ele um boletim e considere, dentro da escala proposta, uma nota que represente seus avanços. Ela jamais poderá atender somente ao critério intelectual no caso da deficiência mental.

Mostre a ele esse boletim e diga que pode melhorar aqui ou ali. Desse modo, ele vai sentir-se cada vez mais incluído e sem dúvida mais feliz.

A NOTA
A elaboração da nota, no caso da proposta da EV, era de ter como base o seguinte:

- Assiduidade
- Elaboração dos trabalhos escolares
- Responsabilidade com a entrega de trabalhos escolares
- Responsabilidade com o material escolar
- Relações sociais
- Autoavaliação

- Avanços na área intelectual
- Disciplinas
  - Língua Portuguesa
  - Artes
  - História
  - Geografia
  - Matemática
  - Ciências
  - Filosofia
  - Sociologia
  - Espanhol
  - Inglês
- Avanços na área psicomotora
  - Educação Física
  - Balé
  - Judô

É imprescindível que os professores também sejam avaliados pelos alunos por meio de critérios que eles próprios devem considerar.

As perguntas que ainda persistem dizem respeito a como explicar à classe que o aluno com deficiência, embora não apresente os mesmos resultados, obtém uma nota "boa" e é aprovado.

A resposta é mostrar-lhes que a escola não é uma corrida para ver quem chega primeiro, mas uma oportunidade que todos devem ter de desenvolver-se – embora em tempos e modos diferentes.

Outra questão que se apresenta é a de como se faz a documentação do aluno com deficiência após a conclusão do período escolar. Para isso, vejamos o que diz a Organização dos Estados Ibero-americanos para a Educação, a Ciência e a Cultura:

> 13.1.4 Currículo: orientações metodológicas em instituições especiais e regulares. Avaliação e certificação
> Enquanto modalidade de ensino, a educação especial deve seguir os mesmos requisitos curriculares dos respectivos níveis de ensino aos quais está associada. No entanto, de modo a considerar as especificidades dessa modalidade de ensino e auxiliar no processo de adaptação à nova política de integração, os sistemas de ensino contam atualmente com o documento *Adaptações curriculares*. Esse documento define estratégias para a educação de alunos com necessidades educativas especiais e orienta os sistemas de ensino para o processo de construção da educação na diversidade. Os currículos devem ter uma base nacional comum, conforme determinam os arts. 26 e 27 da LDBEN, a ser suplementada e complementada por uma parte diversificada, exigida, inclusive, pelas características dos alunos.
> Em casos muito singulares, em que o educando com graves comprometimentos mentais e/ou múltiplos não puder beneficiar-se de um currículo que inclua formalmente a base nacional comum, deverá ser proposto um currículo especial para atender suas necessidades, com características amplas apresentadas pelo aluno. O currículo especial – tanto na

Educação Infantil como nas séries iniciais do Ensino Fundamental – distingue-se pelo caráter funcional e pragmático das atividades previstas.

Alunos com grave deficiência mental ou múltipla têm, na grande maioria das vezes, um longo percurso educacional sem apresentar resultados de escolarização previstos no Inciso I do art. 32 da LDBEN: "O desenvolvimento da capacidade de aprender, tendo como meios básicos o pleno domínio da leitura, da escrita e do cálculo".

Nesse caso, e esgotadas todas as possibilidades apontadas no art. 24 da LDBEN, deve ser dada a esses alunos uma certificação de conclusão de escolaridade, denominada "terminalidade específica". Terminalidade específica, portanto, é "uma certificação de conclusão de escolaridade, com histórico escolar que apresenta, de forma descritiva, as habilidades atingidas pelos educandos cujas necessidades especiais, oriundas de grave deficiência mental ou múltipla, não lhes permitem atingir o nível de conhecimento exigido para a conclusão do ensino fundamental, respeitada a legislação existente, esgotadas as possibilidades pontuadas no art. 24 da Lei n. 9.394/96 e de acordo com o regimento e a proposta pedagógica da escola". (Organização dos Estados Ibero-americanos para a Educação, a Ciência e a Cultura, diretrizes para a educação especial brasileira, item 13)

8 | CONSIDERAÇÕES FINAIS

NESTAS CONSIDERAÇÕES FINAIS, retomo a ideia de sociedade de resultados, sobretudo os imediatos, que precisa urgentemente ser revista por conta de fatores físicos (ambientais), políticos e sociais que implicam a sobrevivência e a qualidade de vida. Precisamos tomar consciência de que os avanços, principalmente na área científica, vêm aumentando a longevidade e tornando possível a sobrevivência de crianças que em outras épocas, por patologias genéticas ou doenças adquiridas, estavam fadadas à morte. As vacinas, os medicamentos e as descobertas de tratamento, às vezes até intrauterinos, permitem que, mesmo com alguma deficiência física ou mental, a criança sobreviva e se desenvolva. Hoje, a expectativa de vida em alguns casos é a mesma de alguém sem deficiência. Basta que a criança seja assistida e, sobretudo, tenha uma vida ativa, produtiva e com significado.

Há alguns anos era comum ouvir que as pessoas com síndrome de Down viviam somente até os 33 anos. Hoje, sabe-se que isso é um mito, mas que tal situação pode ocorrer com qualquer pessoa que tenha a vida marcada pelo sedentarismo, pela falta de objetivos e significados. Desse modo, cada dia mais é preciso que se pense na inclusão, não somente como processo de assistência, mas como ação humana e social.

Quando a pessoa com deficiência é incluída, uma rede de inclusões acontece à sua volta. É a família que não se isola e não toma somente para si a responsabilidade, é a escola que se volta para novas discussões, é o exemplo que fica para cada um de nós.

Espero com este livro provocar diversas reflexões e inúmeras ações afirmativas. As pessoas com deficiência não têm de pedir licença ou permissão para ser incluídas. Têm apenas de ocupar seu lugar no universo humano de que fazem parte.

BIBLIOGRAFIA

AMARAL, Ligia Assumpção. "Atividade física e diferença significativa/ deficiência: algumas questões psicossociais remetidas à inclusão/ convívio pleno". In: Anais do IV Congresso Brasileiro de Atividade Motora Adaptada. Curitiba, 2001, p. 30-1.

BETTELHEIM, Bruno. *A psicanálise dos contos de fadas.* Rio de Janeiro: Paz e Terra, 2007.

CONSELHO ESTADUAL DE EDUCAÇÃO DE SÃO PAULO (CEE). Deliberação n. 5/00. Disponível em: http://www.crmariocovas.sp.gov.br/pdf/ diretrizes_p0920-0931_c.pdf. Último acesso: 20 set. 2022.

FERREIRO, Emilia; TEBEROSKY, Ana. *Psicogênese da língua escrita.* Porto Alegre: Artmed, 1986.

KISHIMOTO, Tizuko Morchida. *Jogo, brinquedo, brincadeira e a educação.* São Paulo: Cortez, 1997.

MANTOAN, Maria Teresa Eglér. *A integração de pessoas com deficiência: contribuições para uma reflexão sobre o tema.* São Paulo: Editora Senac, 1997.

MOURA, Maria Lucia Seidl de; RIBAS, Adriana Ferreira Paes. "Desenvolvimento sociocognitivo e da linguagem". Anais do XII Simpósio de Pesquisa e Intercâmbio Científico da Anpepp, 25 a 28 de maio de 2008, Natal (RN). Disponível em: http://anpepp.org.br/images/ ANPEPP/simposios/pdf/Simposio_da%20_ANPEPP_%202008.pdf. Último acesso: 20 set. 2022.

ORGANIZAÇÃO DOS ESTADOS IBERO-AMERICANOS PARA A EDUCAÇÃO, A CIÊNCIA E A CULTURA (OEI). Diretrizes para a educação especial brasileira, item 13.

PIAGET, Jean. *A formação do símbolo na criança*. Rio de Janeiro: Zahar, 1978.

RAMOS, Rossana. *Na minha escola todo mundo é igual*. Ilustrações de Priscila Sanson. São Paulo: Cortez, 2004.

_____. *Passos para a inclusão*. São Paulo: Cortez, 2006.

STAINBACK, Susan; STAINBACK, William. *Inclusão: um guia para educadores*. Porto Alegre: Artmed, 1999.

VIGOTSKI, Lev Semenovitch. *A formação social da mente*. São Paulo: Martins Fontes, 1989.

CONTO – NAQUELE DIA

NAQUELE DIA, LOGO AO ACORDAR, senti que algo estava diferente. A posição dos ponteiros do relógio indicava que ele havia despertado mais cedo do que de costume. Mesmo assim, levantei-me e fui tomar banho, escovar os dentes e pentear o cabelo, como faço todos os dias. Ao voltar do banheiro e verificar as roupas deixadas por minha mãe em cima da cama, confirmei que algo rompia a rotina. Em vez do que uso costumeiramente para ir à escola, estavam lá meu conjunto de lã e minhas botas forradas. Mesmo achando estranho, vesti-me, arrumei minha cama e desci à cozinha para tomar café.

As torradas ainda estavam quentinhas e o leite morno, mas minha mãe tinha se esquecido de deixar meu lanche da escola em cima da mesa. Isso queria dizer que ela saíra havia pouco e apressada. Ao terminar minha refeição, coloquei a louça na pia e me dirigi à sala para pegar o material escolar e, como sempre, esperar tia Alice, que me levava à escola todos os dias antes de ir buscar suas encomendas de pão. Mais uma vez, surpreendi-me ao encontrar em minha maleta escolar, em vez do material de sempre, pijamas, material de higiene e pantufas.

Como poderiam aquelas coisas ter ido parar ali? Nesse instante, tia Alice buzinou e saí para encontrá-la. O dia estava frio, uma garoa fina batia em meu rosto e em minhas mãos. Ao entrar no carro, já quis saber de tia Alice o que estava acontecendo de diferente. Ela interrompeu minhas perguntas e disse:

— Você não vai cumprimentar seu tio Alfredo?

— Olá, tio Alfredo! Eu nem percebi que você estava sentado aí atrás.

— Será que sou tão insignificante assim?, brincou.

— Desculpe, mas você não costuma sair a esta hora da manhã com tia Alice.

— É que hoje é um dia especial, disse ele.

— Por quê?

— É que...

Minha tia interrompeu-o, dizendo que todos os dias são especiais e que precisamos agradecer a Deus por essa graça.

Voltei a comentar com minha tia as mudanças ocorridas naquela manhã. Tia Alice tentou justificá-las dizendo que minha mãe andava muito atarefada e que por isso talvez tivesse trocado as roupas, esquecido o lanche...

Em meio à conversa, percebi que não estávamos indo para a escola. O caminho era outro. Voltei a perguntar a minha tia o que estava acontecendo.

— Antes de levá-la para a escola, preciso buscar uma encomenda de pães.

Achei tudo muito estranho. O lugar em que chegamos não se parecia nem um pouco com os lugares em que tia Alice costumava buscar suas encomendas. Havia muitas árvores altas que deixavam cair folhas sobre nós, enquanto caminhávamos por uma alameda calçada de pedras irregulares. Tio Alfredo não cumprimentava as pessoas como sempre faz quando anda pelas ruas de nosso bairro. Tia Alice me segurava pelo braço de forma diferente. Aquele lugar era mesmo muito estranho.

Passamos por uma porta daquelas que giram e entramos em um lugar cheio de pessoas que passavam apressadas umas pelas outras, chegando a esbarrar em quem estava parado, como nós. Tia Alice mandou que eu me sentasse em um banco de madeira e esperasse um pouco. Ouvi um barulho de sirene de ambulância. O que poderia ter ocorrido para que a ambulância chegasse tão perto de onde estávamos? Pelo alto-falante eram constantemente chamadas pessoas que eu não conhecia.

Depois de algum tempo, tia Alice voltou e me disse que naquele dia eu não iria à escola porque havíamos perdido a hora. Argumentei que se nos apressássemos, conseguiríamos. Mas tio Alfredo me convenceu dizendo que aproveitaríamos para passear um pouco.

Quando tia Alice pegou-me pela mão, senti que estava um pouco fria. Voltamos a caminhar por aquela alameda de pedras irregulares e entramos em outro lugar. Foi então que fiquei mais surpresa. Minha mãe me abraçou e disse a tia Alice:

— Vim o mais rápido que pude. Tive de deixar as minhas coisas lá no trabalho todas em ordem.

Neste momento, percebi de fato que estava sendo enganada. Algo muito estranho estava acontecendo e não queriam me dizer. Por que estávamos naquele lugar? Por que não fui à escola? Por que minha mãe saiu mais cedo do trabalho e foi nos encontrar àquela hora da manhã? Por que minha tia parecia nervosa? Por que tio Alfredo fumou mais do que de costume?

Antes que eu começasse a fazer perguntas novamente, minha mãe me abraçou e disse:

— Espere aqui um pouquinho que já volto.

Havia no ar algo parecido com o que vivi havia cinco anos, quando sofremos aquele acidente de carro. Não me lembro bem, porque era muito pequena, mas sei que minha tia e minha mãe pareciam tão nervosas quanto no momento em que ficaram sabendo da morte de meu pai.

Fiquei pensando: por que os adultos escondem coisas das crianças? Sei que minha mãe quer me poupar de muitos problemas que acontecem na vida, mas eu preferia que ela me deixasse ajudá-la. Apesar de não poder fazer muitas coisas, procuro não dar trabalho e me virar sozinha...

Neste instante, minha tia e minha mãe me levaram para uma sala silenciosa e fria e me deitaram em uma cama estreita. Sempre que perguntava algo, minha mãe me abraçava e dizia que eu esperasse somente um pouquinho mais.

De repente, aproximou-se de mim uma senhora de voz muito doce e me pediu que lhe estendesse o braço. Sem saber quem era ou o que ia fazer comigo, voltei-me para minha mãe, que me pediu que atendesse à senhora. De repente, senti uma picada no braço. Daí em diante, não me lembro de mais nada. Acordei meio tonta e senti que havia algo envolvendo minha cabeça e me impedindo de mexer os olhos. Ouvi vozes.

Uma delas era de minha mãe, que disse com delicadeza:

— Como se sente, Elisa?

Ainda com certa dificuldade para falar, respondi:

— Bem.

Então senti a presença de um homem, que disse com voz segura:

— Correu tudo bem. Vamos agora ver o resultado.

Senti, pelo tremor de sua mão, que minha mãe estava muito nervosa. O homem levantou minha cabeça e começou a tirar algo de volta dela.

Então ouvi ele dizer:

— Por favor, fechem a janela para diminuir a claridade. Ao terminar de descobrir minha cabeça, senti que o homem a colocou de novo no travesseiro e disse:

— Abra os olhos devagar.

Enquanto ouvia minha mãe pedindo a Deus que nos concedesse a graça, comecei a ver vultos estranhos, que aos poucos foram se transformando em imagens coloridas. Fui girando a cabeça e finalmente descobri todo o mistério. O transplante de córnea havia dado certo e eu voltara a enxergar.

leia também

INCLUSÃO ESCOLAR
Pontos e contrapontos
Valéria Amorim Arantes (org.), Maria Teresa Eglér Mantoan e Rosângela Gavioli Prieto

Neste livro, Maria Teresa Eglér Mantoan e Rosângela Gavioli Prieto adentram os labirintos da inclusão escolar analisando, com muito rigor científico e competência, suas diferentes facetas. No diálogo que estabelecem, abordam pontos polêmicos e controvertidos, que vão desde as inovações propostas por políticas educacionais e práticas escolares que envolvem o ensino regular e especial até as relações entre inclusão e integração escolar.

ISBN 978-85-323-0733-0

INCLUSÃO ESCOLAR
O que é? Por quê? Como fazer?
Maria Teresa Eglér Mantoan

Escrito por uma das maiores especialistas em inclusão escolar do mundo, esta obra aborda o assunto de maneira clara e didática. Baseando-se na legislação sobre o tema, Maria Teresa Eglér Mantoan explica o que é educação inclusiva, discute os passos necessários para implantá-la e ressalta suas vantagens – tanto para alunos com deficiência quanto para aqueles que não a têm. Livro fundamental para educadores que desejam saltar da teoria para a prática.

ISBN 978-85-323-0999-0

A ESCOLA PARA TODOS E PARA CADA UM
Augusto Galery (org.)

Destinada a profissionais e estudantes da educação e da saúde, como professores de todos os níveis, esta obra apresenta: o conceito de inclusão; os entraves à verdadeira educação inclusiva; as principais dúvidas e angústias de pais e professores; a inclusão na perspectiva da legislação brasileira; recursos, procedimentos e práticas que ajudam os alunos a estabelecer uma relação rica e prazerosa com o aprendizado.

ISBN 978-85-323-1078-1

leia também

INFÂNCIA, LIBERDADE E ACOLHIMENTO
Experiências na educação infantil
Tânia Campos Rezende e Vitória Regis Gabay de Sá
Destinada a estudantes de Pedagogia, professores da educação infantil, pais e profissionais que lidam com a infância, a obra aborda temas fundamentais da área, como: a medicalização indiscriminada das crianças pequenas; a imposição cada vez maior de conteúdos em detrimento do tempo de brincadeira; a dificuldade de lidar com alunos considerados difíceis; os conceitos errôneos a respeito da inclusão de alunos com distúrbios físicos e/ou psíquicos.
ISBN 978-85-323-1105-4

A DISLEXIA EM QUESTÃO
Giselle Massi
A obra problematiza o reconhecimento da dislexia como distúrbio ou dificuldade de aprendizagem da escrita. Discutindo a inconsistência etiológica e sintomatológica desse suposto distúrbio, bem como a fragilidade das formas de diagnosticá-lo, a autora analisa casos de sujeitos rotulados como portadores de dislexia e mostra que eles – ao contrário dos rótulos que carregam – estão em pleno processo de construção da escrita.
ISBN 978-85-85689-81-0

TDAH E MEDICALIZAÇÃO
Implicações neurolinguísticas e educacionais do Transtorno de Déficit de Atenção/Hiperatividade
Ana Paula Santana e Rita Signor
Rita Signor e Ana Paula Santana mostram os problemas de deixar de lado o contexto social e a história de cada criança ao avaliá-la, apontando o papel da formação dos profissionais na produção do TDAH. As autoras questionam a qualidade do ensino no Brasil, o excesso de diagnósticos voltados ao campo educacional, os testes padronizados da área da saúde, o crescente consumo de medicamentos e as políticas públicas que legitimam o fenômeno da medicalização.
ISBN 978-85-9272-500-6